滋賀の福祉を考える

―歴史と実践のなかから―

はじめに

少子高齢化の進展、家族や地域社会のあり方の変化など様々な課題を抱える現代社会において、福祉の果たすべき役割は一層重要なものとなっており、「福祉の普遍化・一般化」といわれるように、いつでも、だれでも必要な福祉サービスを受けることができる体制が求められています。

このような中、弱者救済的な「与えられる」福祉から、個人の自立を「支援する」福祉へと転換し、措置による施設ケアから地域ケアを目指した制度改正が進められています。

措置による施設ケア中心の時代には、行政や社会福祉施設が生活の全般を支える保護的機能が重視されてきましたが、地域ケアにおいては、自立した個人の存在を基本とし、それを補完する「自立支援」へとパラダイム転換がなされ、利用者自身によるサービス選択を基本とする新しい福祉政策への動きが今後一層強まっていくものと思います。

滋賀県では一九四六（昭和二一）年に糸賀一雄氏を中心として、知的障害児等の入所、教育、医療を行う施設である近江学園が設立され、以後、西日本で最初の重症心身障害児施設びわこ学園の建設、「障害児の早期発見・早期対応」のための乳幼児検診システムの確立など多くの先進的な取り組みが図られました。また、地域ケアという観点からは福祉圏構想に基づき、サービス提供体制の充実が図られてきました。

変革期にある今こそ、先人達が築いてこられた滋賀の福祉の軌跡をみつめ、その誇るべき歴史を風化させることなく、後世に伝えるとともに、滋賀の福祉をこれからどのように創っていき、制度としての可能性を拓いていくのかをともに考えていく必要があると思います。時代がどのように変わっても「それぞれの状況に応じて自立を支える」という福祉の基本は変わるものではなく、大切に守り続けていかなければなりません。

さらには、芸術活動など一人ひとりが持っている能力を活かし、様々な分野での社会参加が進む支援を目指していかなければならないと思っています。このような思いから本書の発行に至ったところです。

本書が、多様な福祉政策を、滋賀の地で実現していくための道しるべとなり、現場で社会福祉業務に従事している方や、福祉行政に携わる方、そしてこれから社会福祉を志す若い方など多くの方に「学び」、「考え」、「実践していく」ための一助としてご活用いただける書の一つとなることを願っています。

なお、本書は、年譜等、戦前からの福祉に関わる事象を記載しているため、今日では使用が不適当な用語となったものがありますが、その時代の使用用語として原文のまま掲載したことをお断りさせていただきます。

併せて、敬称を略させていただいたことをお許しください。

最後に、本書のために大変お忙しい中を寄稿いただきました皆さまや、編集委員の皆さまをはじめ本書の出版にあたりご協力をいただいた多くの関係の皆さまに厚くお礼申し上げます。

二〇〇七年一一月

滋賀県知事　嘉田　由紀子

目次

はじめに　嘉田由紀子（滋賀県知事）

巻頭の言葉

糸賀一雄の福祉の思想に思う　辻　哲夫（前、厚生労働事務次官）……9

「この子らを世の光に」と共に　日浦美智江（社会福祉法人　訪問の家　理事長）……13

糸賀思想と社会保障　京極高宣（国立社会保障・人口問題研究所　所長）……17

私の糸賀先生　宮城まり子（ねむの木学園　園長）……21

糸賀一雄の思想と近江学園の実践　―この子らを世の光に―　齋藤　昭（社会福祉法人大木会　理事長）

糸賀一雄と二人の偉大な教育実践家との出会い……26

敗戦後の日本再建のために……31

近江学園の実践と課題への取り組み……42

「発達保障」の立場にたつ糸賀福祉思想の成立と展開……58

滋賀県の福祉圏構想の取り組み　川上雅司（滋賀文化短期大学　教授）

「滋賀県社会福祉計画」と地域福祉の推進……75

巻頭の言葉

糸賀一雄の福祉の思想に思う

前、厚生労働事務次官　辻　哲夫

糸賀一雄《いとがかずお》さんとのかかわりは、一九六八年に糸賀さんが亡くなり十数年経った一九八〇年から三年間、私が滋賀県庁の社会福祉課長（当時）として、厚生省（当時）からの出向でお世話になったときに始まる。

着任早々携わったのは「滋賀県社会福祉計画」の策定作業であった。当時、施設福祉から在宅福祉へと政策の重点が変わりつつある中で、県内の多くの有識者の意見を聞いて、県内いずれの地域においても高齢者や障害児(者)が地域で受け止められ安心して過ごせるようにすることを目指す「福祉圏構想」を計画の中心に位置づけた。

計画の策定作業の過程で意見を聞いた方々のうちで特に強い影響を与えたのは糸賀さんの三人の同志である。田村一二《いちじ》さんは、「県の計画の考え方が出てくるのが遅すぎた。今の福祉はだめになってしまった。元に戻るのに三〇〇年はかかるだろう」と言われた。そして、田村さん自身は誰もが自分のまちで幸せに暮らせる社会を目指して「茗荷村構想《みょうがむらこうそう》」の実践に打ち込まれた。岡崎英彦《おかざきひでひこ》さんは「重症心身障害児一人に医療費を含めて年間五〇〇万円が使われている。このことについて社会にどのようにしたら理解してもらえるのかと悩む。しかし、自らの意志さえも表現できないこの子らは、私たちが共に生きる気持ちで懸命にケアをすると、それに確実に応えて懸命により良く長く生きる。それがこの子らの社会への参加だと確信する。県庁はまず、この子らと親の置かれた状況を理解し受け止める度量を示してほしい」と言われた。池田《いけだ》太郎《たろう》さんは「この人たちに人間らしい生活をしてほしい。それぞれの部屋に上がりかまちがあり自分の部屋であってほしい。家庭と同じように温かい茶碗蒸しを食べてほしい。その思いで施設の改築や調理員の採用に取り組んできた」と熱く語られた。そして、当時すでに、信楽《しがらき》の町で今でいうユニットケアやグループホームを導入し、障害者の雇用を着実に推進しておられた。

これらの三人の方々の考え方や活動の共通の原点としてつねに糸賀さんの存在を感じつつ糸賀さんの著作などに接する中で、私なりに糸賀さんの福祉の思想ともいうべきものを受け止め学んできたように思う。それは、福祉の倫理、論理、方法という一貫した体系である。

「この子らを世の光に」との言葉はあまりにも有名であるが、これを普遍的概念とした上で発達保障論に見られるように、すべての子が持っている個性の発達を社会の中で育むことが大切であるという論理を示し、その方法として、端的に言って今述べた三名の方に代表されるように志を同じくする人々と共に懸命に仕事を展開された。また、この福祉の思想の大切さを社会に理解してもらうために、商品の宣伝と同様同じことを繰り返し発信することの重要性に目覚め自ら全国行脚を精力的に行ったとのことである。

私自身も、障害の問題に目覚め、計画策定後の二年間は「福祉圏構想」の実践として、障害児の早期療育システムの普及に打ち込んだ。障害のあるお子さんが地域社会で安心して暮らしていくためには、その障害が発見されたときからそのお子さんの正しい成長を保障しながら地域社会が受け止めていく、というシステムが県内どの地域でも最も身近な行政主体である市町村レベルで展開されなければならない。県庁職員はもとより市町村の担当職員の理解を得ることから、まず始めねばならないこの仕事は決して容易なものではなかった。

当時大津市などで導入されていた通園事業を福祉圏ごとに普及させるのに県庁の仲間とともに夢中になって取り組んだことを思い出す。今にして思えばこの仕事は糸賀さんの最も若い同志であったと言ってよい鎌田《かまた》昭二郎《しょうじろう》県厚生部長（当時）からの強い影響を受けてのものだった。

それから四半世紀を経た今、糸賀さんに学んだ人々が全国で活躍され、また、滋賀の福祉も糸賀さんの福祉の思想に共鳴した若い世代の人々のたゆまざる努力により着実な発展を遂げていると思う。県内どの地域においても障害児は通園事業で受け止められ、引き続き、在宅で過ごせるように利用者本位で各種の在宅サービスにつなぐケアマネジメントのシステムが福祉圏ごとに確立されつつある。一方、障害者自立支援法が制定され、どんな障害があっても共に地域社会で生活できる社会を目指すということが国のあり方としても示された。真に心豊かな成熟した社会を実現するためには息長い営みが必要であるが、その過程において特に大切なのは、滋賀の福祉の取り組みのような地味な地域レベルでのシステムづくりではないかと考えるのである。

糸賀さんは敗戦後の日本の姿を見て、障害のある人々の問題を正しく捉え位置づけることにより新たな国づくりをしようとされたとの歴史的な評価が識者によりなされている。その糸賀さんがご存命であればさらにどのような行動をとられたであろうか。

幸いに滋賀の福祉のこれまでの取り組みの流れの下で、障害のある人々が安心して過ごせる社会は誰にとっても良い社会であるという考え方の下での、アメニティフォーラムの運動や障害のある人々の発する光をかざすが如く障害者の美術作品を広めていく運動など力強い動きが滋賀県からの発信で全国に広がってきている。糸賀さんの福祉の思想が継承されさらに発展することを願ってやまない。

「この子らを世の光に」と共に

社会福祉法人　訪問の家
理事長　日浦美智江

重症心身障害児と呼ばれる小さな子どもたちに出会って三六年、哺乳瓶《ほにゅうびん》を持って入学してきた目の見えないえっちゃんも今や堂々たる中年女性になり、ピアノ曲を聴くことを最大の楽しみにしている。糸賀一雄先生の「この子らを世の光に」という言葉が一本の線のように私の心に入ってきたのはいつの頃だったのだろうか。小さかったえっちゃんたちが見事に義務教育を終え、作業所に通い、さらに通所施設に通うその道程に付き合いながら、気がついたときにはその線のようだった言葉が次第に太くなり私の心にどっかり座り、大きな柱になり私の思いそのものになった。

重症児は生活のすべてを他人の手に委ねている。委ねたその人が自分をどう捉えるかで生活の中身が違ってくる。こんな話を聞いたことがある。生まれてすぐ重症心身障害児施設に引き取られた八歳の男の子が亡くなった。その男の子はいつも指定席のベッドに寝ていた。あのベッドに彼がいなくなって本当にさびしい、という職員の話を聞きながら、彼が夏の太陽、冬の冷たい空気を肌で感じないままこの世を去ったのを知った。障害が重かったから、とその職員は言った。人間はＩＱと身体状況だけで生きているのではない。気持ちがいい、嫌だという情緒を持っている。人間の脳は「快」の情報を最優先にキャッチするという。赤ちゃんは生まれるとすぐ母親のお乳を求める。人間には本能として関係欲求があるともいわれている。その少年の「こころ」に誰が気づき、誰がその情緒の発達を助けたのだろうか。せめて四季折々の風を感じさせてあげたかったと無念に思った。他人任せに生きざるを得ない人たちが、しかし、無念な表情は決して見せない。その反対に他人を信じきった屈託のない無心の笑顔を見せる。この笑顔こそ「光」だと何度感じてきたことだろう。

耳にピアス、ネックレス、茶髪、制服の襟《えり》を大きく開けた中学生が友人に連れられてボランティアにやってきた。グループに入りそこで彼はゆうこさんのまるで彼を待っていたようなはじける笑顔に出会った。帰途彼は私にこう告げた。「人間は形じゃない。中身を見なくてはいけない。僕はここでなら僕でいられる」。ゆうこさんの笑顔が彼を引っ張った。学校大嫌いの彼がゆうこさんに高校合格を告げに来た日、卒業を報告に来た日を忘れられない。ゆうこさんは名刺を持っている。そこには職業「笑顔」と書いてある。

「この子らを世の光に」という言葉が私の中で柱になればなるほどこの言葉を形とし

たいと願う思いが強くなった。「光」は世に出なくては「光」として見えない。通所施設「朋《とも》」の活動は「この子らを世の光に」という言葉の具現化であったといっても大げさではない。

人はすべて関係の中に生き関係の中で育つ。多くの人との出会いを求めて地域に積極的に出かけ地域行事に参加し、小学生、中学生、高校生と交流し、地域のボランティアさんと仲良くなりバザーには二〇〇〇人以上が参加、地域のお祭りになった。彼らは言葉を持たない。しかし心地よい風だと笑顔を見せ、散歩の途中で声をかけられると穏やかな笑顔を返す。その存在そのもので人と人をつなぎ、出会った人から優しさを引き出す。「朋のみんなが地域を包んでいる」とあるボランティアさんが会合で発言されるのを聞いた。

先日区政二〇周年の記念式で感謝状をいただいた。二一年前、この地に障害者施設ができると聞いて住宅街には適さない、と反対があった。その施設が区長から感謝状をもらったのである。働くことはできないが地域で大きな「はたらき」をしたみんなの笑顔に心のなかで「乾杯!」と杯を上げた。

「この子らを世の光に」という言葉に導かれ、支えられここまで歩いてきた。この言葉の真実を世の人たちに感じてほしいと願っている。この世に生まれた命に無駄な命は一つもない。できる、ということをすべて剥ぎ取られ、何もできないと思われている人が「無心」という大きな力で私たちをつないでくれている。首の据わらない言葉をもたない小さな男の子が多くの人たちの出会いの中で家族と離れケアホームで生活する青年になった。一人ひとりの可能性を信じることと「あなたには無理」という言葉を吐くことの怖さを教えられた。命は体に宿る。命は宿った体を使って生きていく。その体の中に心がある。命と心は道ずれなのだということも彼らは無言で伝えてくれた。重症心身障害児(者)と呼ばれるこの存在を世の光にしてこそ、人が人として生まれ、人として生き切ることができる真の人間社会が創られることを信じて、これからも「この子らを世の光に」と共に歩きたいと思っている。

共に生きる社会への門を開いてくださった偉大な実践家を生んだ滋賀県、その思いを継ぐ方々が、今も日本の障害児(者)福祉をリードしてくださることに深い敬意を表します。

糸賀思想と社会保障

国立社会保障・人口問題研究所
所長　京極　高宣
（日本社会事業大学名誉教授）

　私は現在、社会保障改革と少子高齢化対応のために基礎的なリサーチを行っている国立社会保障・人口問題研究所の所長をしているが、所長室の壁には、子どもたちに囲まれた近江学園の初期園長時代の糸賀一雄先生の笑顔に満ちた大型写真が架かっている。私にとって糸賀先生は、学問の恩師で人生の座標軸たる故隅谷《すみや》三喜男先生（東大名誉教授）とともに、いわば人生の目標たる師といえる人物である。上記の写真は近い将来に、私が学長職一〇年間を勤めた日本社会事業大学へ寄贈するつもりのものである。

　さて周知の方もいらっしゃると思われるが、私はこの一〇数年間、滋賀県が主催している糸賀一雄記念賞の選考委員を務めている。六年前にだが、ＮＨＫ出版から、拙著『この子らを世の光に―糸賀一雄の思想と生涯』（二〇〇一年、初版）を出させていただき、難解な糸賀思想の解明の窓をひとまず開けてみた次第である。また五年前にはアジア太平洋障害者一〇年のミレニアム記念集会〝びわ湖会議〟で海外の代表者に配られたKazuo Itoga, “Let be These Children the Light of the World”（二〇〇二年、糸賀一雄記念財団）は民間助成を受けて刊行された糸賀一雄『この子らを世の光に』の翻訳本で、私が監訳したものである。「この子らを世の光に」は、今日の新しい福祉理念である「自立支援」とも置き換えられよう。そうしたことからも、糸賀先生とのつながりでは、滋賀の福祉にはかなり縁が深くなったといえそうである。

　ただ残念なことに糸賀先生とは生前お会いすることができなかったが、その頃は私はまだ学生で、福祉の「ふ」の字も知らず、まったくのところ社会福祉を目指していなかったからだ。ただ幸いなことに、日本社会事業大学へ奉職して以降、知的障害福祉に関するリサーチもこなし、偶然にも糸賀先生の同志とも言える池田太郎、田村一二、岡崎英彦の三大先生とは親しくお話いただく機会を得ている。また近江学園関係者でも地元でもないのに、糸賀先生の関係者の方々にはかなり接触できたし、拙著の取材で糸賀先生の奥様の房さんをはじめ、田中昌人《まさと》、三浦了、真下祐治などの関係の先生方にもお会いできたことは誠に幸いだった。特に思い出深いことは、最初の拙著の取材（一九九九年夏）で、助手と共に近江学園の研修宿舎に一週間ほど泊まっているとき、すでにヒアリングを終了させていただいていた房さんから、「何もないけれども温かいご飯があるから食べに来ませんか」と誘われ、恐縮にも助手と一緒に夕飯をご馳走になり、糸賀先生のいう七つの施しの最後の施し、文字通りの「房舎施《ぼうしゃせ》」のお世話になったことである。

また、どうしても記しておきたいことは、それ以前からだが障害福祉計画づくりの関係で当時、滋賀県の社会福祉課長として出向していた若手厚生官僚のT氏（現、厚生労働事務次官）らと旧知となり、幸運なことに今日まで盟友関係を続けてこられたことも、何か糸賀先生の霊のお引き合わせのような気もする。ちなみに先の拙著のむすびで私は次のように述べている。「我々は二〇世紀におけるわが国の代表的福祉思想家である糸賀の思想と生涯に学び、私ども福祉関係者が〝長い静かな改革の道を歩む〟ことを心に決め、国民と共にこれからの限られた人生を世のため人のために尽くせたら、また二一世紀の福祉社会にとって貢献できればどんなに至福の人生となることであろうか」（京極高宣前掲書、204ページ）。この考えは、最近流行の厚生官僚＝悪玉論にあえて反していえば、私と共に、おそらく国家国民のために泰じる国士ともいえる厚生官僚T氏などもまったく同じ思いであろう。

さて滋賀の福祉に関しては、滋賀県社会福祉協議会副会長の嶋川尚氏《しまかわたかし》が中心になって編集した『みんなちがってみな同じ――社会福祉の礎を築いた人たち』（二〇〇四年、滋賀県社会福祉協議会）が大変良いできの滋賀県福祉人物伝であり、県民のみなさんはもちろん、すべての福祉関係者に是非お読みいただけたらと思っている。そこには、糸賀一雄先生を含めて七人の滋賀の福祉を支えた偉才の活躍が見事なほど簡潔に紹介されており、滋賀県福祉が全国に発信するメッセージともなっている。

二〇〇六年のことだが、糸賀先生の出生地は鳥取県なので、片山善博鳥取県知事が主催した鳥取県出身の偉人シンポジウム「糸賀一雄を語る」に、前滋賀県知事の國松善次氏と一緒に参加させていただいたが、聴衆の皆さんは押しなべて鳥取県出身の糸賀一雄の思想と生涯に感銘されたようだったことを率直にお伝えしつつ、あわせて出身地の鳥取県がそれほど偉大な人を滋賀県に持っていかれたことに憤慨をもたれた方もそれなりにいたことも正直に告白しておきたい。

いずれにしても私は現在、社会保障の新しい社会経済理論を構築しようと必死に努力しているが、その根底には糸賀一雄の福祉思想がある。私は、糸賀先生の深い人間愛と高い見識性を大切に自らの懐に抱きしめて、それに学問的な知的武装のコーティングを施して、社会保障の新しい理論（その一部は拙著『社会保障と日本経済——「社会市場」の理論と実証』慶応義塾大学出版会、二〇〇七年八月刊行を参照）を形成しようとしている渦中にある。

（二〇〇七年　盛夏　記す）

私の糸賀先生

ねむの木学園
園　長　宮城　まり子

からだの不自由な子に、なんとか、教育の場をつくりたいと、五、六か所のアメリカや、ヨーロッパの施設を、見学してあるき、日本の養護学校を、みてあるきながら、私の心の中で、私「やるんだ」という気持ちが、ふくれ上って行きました。厚生省通いが始まり、土地が手に入り、設計の仕度も出来上った頃、厚生省から、お電話があり、昭和四三年五月四日に、虎ノ門の国立教育会館へ来るようにと話があり私はテレビを終えて、タクシーで走って行きました。

「ああ、三分前になっちゃった」。今、思い出すのは、そのことです。走って入ろうとすると、教育会館にダークスーツの男性が、ずらりと二列にお並びになり人を迎えいれる態勢にありました。びっくりしましたけれど私は、「ああ電話で来るように」とあったので、私を待っていて下さったんだと、皆様の前を、手をあげて。「おそくなって　すみません。待ったァ、まにあったァ、よかったァ」と大声で叫んで走り込みました。

「なんで、あんなにアッケにとられていられるのかナ」。ちらっと、不安は横切りましたが、自分の席に座った途端「皇太子殿下、妃殿下がお見えになりました」と放送があり、全員拍手でお迎えいたしました。

あの入口のダークスーツの皆様は、皇太子殿下、妃殿下をお迎えしていらっしゃったのか、消えてしまいたいほど恥ずかしかったけれど、その日は、糸賀一雄先生の新しい療育映画『夜明け前のこどもたち』の試写会でありました。

厚生省に通い出した頃、糸賀先生の御本を何冊も読みました。何という題かも忘れたのですが、あら、この先生のお書きになったもの、私の考えと似てるわーと、お逢いしたことのない糸賀先生が　そっと、やさしく私を、はげましてくれる方のように近いところにいて下さる人と思われて、どんなえらい方かを知らなくても、そんな心にさせるなんて、糸賀先生のそれが、糸賀先生であるような気がいたします。

その後、三度びわこ学園におうかがいいたしました。夜、寝る前、こども達を、いい意味で寝させようと、お部屋中おいかけっこをしていられる男性職員の山崎正策先生。

また、東京での小さな楽焼展示会にうかがった時、お目にかかった田村一二先生、糸賀先生の滋賀における福祉のありようは、日本の福祉の原点として、永遠にこの光は消えずもえつづけることでしょう。

糸賀一雄の思想と近江学園の実践

―この子らを世の光に―

社会福祉法人大木会　理事長　齋藤　昭

はじめに

滋賀の福祉の原点をたどってみると、やはり糸賀一雄らによる「近江学園」の創設（一九四六）とそれに連なるさまざまな事業活動への取り組みがあげられるのは、誰しも異存のないところであろう。そこには糸賀の卓抜した先見性、先駆性と志を同じくする多くの職員集団によるたゆまぬ実践の歴史があり、その実践から引き出される成果を理論的に整理し、科学的に検証しながらさらに構築して、福祉の理念・思想を形成した糸賀一雄に負うところが大きい。

さらに、近江学園の実践的な取り組みは、つねにその課題と成果を地域社会に提起し、ふたたび社会の要請として受け止めるダイナミックな活動であったことも大きな意義をもっている。近江学園がいち早くとりあげた戦災孤児や障害児の救済保護と教育、福祉制度の隘路《あいろ》を拓く先駆的な取り組みにたいして、行政も施策でこれに応えていった。そして、障害者福祉の分野に留まらず、広く社会福祉全般への指針として、さらなる実践を導いてきたといえよう。

糸賀の福祉思想の重要な点は実践思想であり、「この子らを世の光に」「発達保障」「共感」の理念・思想形成を、近江学園の成立・発展の過程とともに辿ってみたい。

この原点ともいえる「近江学園」とは、いったいどのような施設であったのだろうか。それは、糸賀一雄と池田太郎、田村一二という二人の偉大な教育者との出会いと情熱にはじまる。

糸賀一雄と二人の偉大な教育実践家との出会い

糸賀一雄は一九一四（大正三）年三月二九日、鳥取市に生まれた。幼少期を鳥取県で過ごし、旧制高校時代に鳥取教会で洗礼を受けたクリスチャンであった。旧制高校では理科を学び、一九三五（昭和一〇）年に京都帝国大学に入学し宗教哲学を専攻して、一九三八年三月卒業した。卒業論文テーマは「パウロに於ける終末の問題」であった。在学中の一九三六（昭和一一）年、教会仲間である小迫房《こさこふさ》と結婚する。房は生涯、糸賀の良き理解者であり、のちの近江学園では家族舎婦人会（職員家族も全員園内に住込み、さながら生活共同体を形成していた）の内助が大きく貢献した。

糸賀は、卒業と同時に約一年間、初等教育を志して京都市第二衣笠《きぬがさ》尋常小学校の代用教員となるが、ここで出会った池田太郎との親交が、その後の糸賀の人生を大きく決定づけることとなった。

㈠京都時代

小学校でともに教鞭をとっていた先輩教師の池田は、教育実践と児童心理学―レヴィンの形態心理学―を研究していて、すでに当時でいう優秀児と劣等児の教育など特別教育に関しての優れた業績を発表し、京都教育界で著名な教育者の一人であった。池田も糸賀の人となりに接し互いに畏敬の念を抱いて、二人は急速に親密な交友がはじまった。糸賀は自著『この子らを世の光に』の中で、「池田君は『従来の児童心理の記述説明が、教師の身体を通さない冷たい対立のもとになされている』ことに不満をもち、生きている子どもたちを生きた先生の肌と魂をとおして、すなわち『関係』を通してとらえようとする、新しい立場に立っていた。このような、池田君の教育的で科学的な姿は、私たちにとってひじょうな魅力であり……」と語っている。

また、池田を介して京都帝国大学教育学科の木村素衛《もともり》教授との出会いをえて、人間と教育の問題についてやがて深い思想的交わりをもつことになる。

教鞭をとっていた糸賀は、翌年、鳥取連隊に召集されるが三か月で発病し入院、療養のため帰郷して召集解除となった。病気の回復を待って再び本科正教員となって本格的に初等教育の実践現場に飛び込みたいと思っていたところ、木村教授の勧めもあって、翌（昭和一五）年一月、滋賀県社会教育主事補の職に迎えられ、教育を行政の立場で携わることを決意して、滋賀での行政官としての人生がはじまることになった。

㈡ 滋賀県庁時代

滋賀県職員となって一年を経たころ、糸賀は時の近藤壌太郎《じょうたろう》知事のもとで知事官房秘書課長に抜擢され薫陶を受けることとなる。日々の激務に応える一方、このきびしい鍛錬で「人づくり」の何であるかを身をもって学んだと述懐し、近藤を終生のわが恩師であると述べている。

そして近藤知事が有為な若い人たちを愛し鍛えたことに因んで、自分たちも志を抱く若者たちとの心のふれあいを志して「孟子会《もうし》」を結成し主宰した。日をきめて早朝に官舎に集まってくる一〇人くらいの若い人たちと一緒に「孟子」を輪読し、それを現代的に味わった後、貧しいけれど温かい一汁一菜の朝飯を共にして、それからみんな一緒に登庁したという。

また、このころ青年教育官（文部省）を兼勤して、滋賀に集まる学生義勇軍の勤労奉仕活動の指導にあたり、のちに十河信二《そごう》会長（のちの国鉄総裁で、日向弘済《ひゅうがこうさい》学園の建設に力を得ることになる）との出会いをえることとなる。学生義勇軍とは、戦局の拡大悪化による労働力不足を補うために全国に組織された学生の勤労奉仕団体で、糸賀は十河会長に要請されて関西支部長をしており、このときの学生の中に、岡崎英彦、増田正司《まさし》、矢野隆夫らのちの近江学園設立に馳せ参じて学園を支えた仲間もいた。

やがて、日本は太平洋戦争に入り、戦時体制の中で、軍事援護事業の一環として、すでに「三津浜《みつはま》学園」という定員三〇名の出征軍人遺家族の子弟で病弱、虚弱な子どものために医療を備え教育を行う施設が、大津市唐崎《からさき》に軍人援護会滋賀県支部によって設立されていた。一九四二（昭和一七）年一月、糸賀はこの学園の主任に池田太郎を推薦した。かねてから寝食を共にした教育の実践を理想としていた池田は、迷うことなく昇進の道を捨ててこの学園に家族とともに赴任してきた。

一九四三（昭和一八）年一月、糸賀は池田の案内で京都で特別学級を担任している田村一二を京都市滋野《しげの》国民学校に訪問した。

田村は、京都教育界でもとくに特別教育の第一人者で、かつて池田が発表した研究論文「普通学級における精神薄弱児の取扱いについて」の審査にあたったのを縁に、二人は知り合い、それから親密な交流が続いていた。田村もまた、すでに特別学級における生活指導の実践を「精神薄弱児の生活指導」にまとめて発表していた。そして、生活指導を理想どおりに行おうとすれば、教師と児童とは起居を共にしなければならないと考えていたのである。子どもたちを我が家へ連れてきて一緒に食事をしたり風呂に入ったり、生活を共にする試みを始めてみて、いよいよ学校の教室だけの教育に限界を感じていた田村であった。そして学校外での教育実践を試みる機会を求めていたところへ、家の近くであった京都紫野《むらさきの》の大徳寺の末寺芳春寺《ほうしゅんじ》の和尚と懇意になり、和尚は田村の障害児教育への熱い願いを知って、紫野の地に田村が理想とする学園を作ろうという話しが持ち上がっていた。この「紫野学園構想」に、田村は大きな期待を寄せていたのであるが戦争の激化によりついに現実には至らなかった。

すでに滋賀に移り、糸賀とともに新しい学園づくりを進めていた池田が、同じ志をもつ田村の教育への思いと悩みを糸賀に聞いてもらいたいということで、二人でやってきたのであった。教育の本質を語る田村、池田との対話は、教育現場からしばらく遠のいていた糸賀の琴線にふれるものであった。糸賀とこの二人の偉大な教育実践家との出会いが、やがて近江学園の誕生と、そしてその後の日本の障害者福祉の発展につながる重要な意味をもつものとなるのである。

秘書課長から兵事厚生課長に替わっていた糸賀は、田村を滋賀に迎えるべく、大津市石山に

昭和21年に近江学園を創設した左より田村一二、糸賀一雄、池田太郎（昭和26年6月、園長室にて）

社会事業協会が軍事援護のために建設した建物の一部に、生活的な特別教育を行うための精神薄弱児施設「石山学園」を開設し、その年の一二月、責任者に田村一二を推薦した。年明けて一九四四（昭和一九）年一月、田村に滋賀県社会事業主事の辞令がおり、学園は正式に発足して、田村の家族と一五人の知的障害の子どもたちの生活が始められた。

しかし、軍事援護を名目としたこの三津浜学園と石山学園の事業はわずか数年で敗戦を迎えることにより、一九四六（昭和二一）年七月に閉鎖される。池田と田村は、療養中であった糸賀の自宅を頻繁に訪ね、子どもと寝食を共にして暮らす教育実践への思いを伝え、敗戦後の荒廃した社会に投げ出された子どもたちの問題について語り合い、やがて三人は、戦災孤児、生活困窮児と知的障害児のための施設「近江学園」の設立に向かっていったのである。

戦前のこの時期をとおしてみると、糸賀はすでに教員時代に、池田、木村との人間的な出会いを通じて、教育問題に深い関心をいだき、また田村をとおして障害児教育の実践にふれて、兵事厚生事業の一環としてであるが、出征軍人遺家族の身体虚弱子弟の施設「三津浜学園」、さらに知的障害の子らと生活を共にする教育施設「石山学園」の開設を援助するなど、社会事業についても行政官の立場から積極的に活動し、地域社会事業への取り組みを行ってきたことが注目される。

清水寛《ひろし》（埼玉大学名誉教授）は、『発達保障思想の形成』（青木書店、一九八一年）の中で、糸賀の障害児福祉思想の形成基盤の時期と位置づけて、「この時期の糸賀の社会的活動や人的交流のなかに、①単なる官僚としての性格を越えた行動性、指導性、②既成の教育や社会事業に対する批判的問題意識など戦後の社会福祉の実践思想につながる重要な萌芽《ほうが》をみることができる」と指摘している。

敗戦後の日本再建のために

(一) 近江学園創設

日本が戦争末期に入った一九四五（昭和二〇）年から四六年にかけての終戦前後、糸賀は教育行政からはなれて経済統制課長、食糧課長など兵事と経済行政の要職を歴任するが、激務がたたりついに喀血《かっけつ》して病に倒れ、四五年七月から療養を余儀なくされる中で終戦を迎えた。大津市真野浜《まのはま》で静養する糸賀のもとに、翌（昭和二一）年四月から九月にかけて池田太郎、田村一二がおとずれ、ともに近江学園の構想を練り、池田、田村により「近江学園（仮称）設立案」が作成された。これを受けて九月二八日の夜、糸賀は一気に原稿用紙一三枚に、「近江学園設立の趣意書」を書きあげた。

終戦の虚脱と一切が混乱の中にある社会状況のもとで、児童の問題はなんら手をつけられることなく、とくに社会的な救済と教育の必要な子どもたちの問題を、「教育の立場でがっちりと受けとめてみて、そのことを通して新しい社会や教育の像を未来につくりあげたいというのが私たちの願いであった。……私たちはやるべきだと考えていた」と糸賀は述べている。戦前からの同志である池田、田村から近江学園の園長を懇請されたとき、糸賀は、「この事業」を「祖国再建への最も具体的な道」として自覚し、その責任者になることを決意した。すでに行政官の立場から社会事業的活動を体験し、子どもの教育に強い関心を抱いていた糸賀は、戦争によって最も大きな犠牲を受けたもののひとりである「児童」の問題の解決をとおして、新しい社会建設に参加しようとしたのである。

「近江学園設立の趣意書」は、このことを実践的に追求する意志を表明したもので、学園の教育の根本精神を規定している。そして一〇月には、要職をはなれ厚生課勤務の一事務官となって、近江学園の創設に専念することとなった。

㈡設立の趣意書

敗戦によってすべてを失った日本社会の混乱、困窮した状況のもとで、「この子どもたちの教育と福祉をぬきにしては、戦後の日本再建はありえない」という考えを共通認識して、六点の根本精神をかかげて近江学園の設立を表明したものが「近江学園設立の趣意書」である。

カタカナ文の旧仮名づかいであるが、終戦直後、当時の悲惨な社会の状況に置かれた子どもたちが「浮浪児」と呼ばれ、あるいは知的障害の子どもたちは学校教育のうえでも「異常児」「教育不可能児」という用語が用いられていた時代のようすをうかがい知るために全文を掲載する。また、今日では処遇の考え方も「保護」から「支援」に大きく変遷してきているが、今日の福祉施設においてもなお到達し得ていないことがらが、当時すでに決意されて、その実現に向かって実践していった糸賀らと近江学園の取り組みを物語っていると思うからである。

設立ノ趣旨

戦争ニヨッテ社会ニ投ゲ出サレタ戦災孤児或ハ生活困窮児ガ、今ドンナ状態ニ置カレ、ソレガ又ドノヤウニ不良化シツツアルカハ既ニ御承知ノ通リデアリマス。

又一般ニハマダ忘レラレテヰル精神薄弱児（低能児）ガコレ又放ッテアルタメニ不良ノ徒トナッテ行クモノガ沢山アルコトモ、犯罪者ノ半数以上ガ精神薄弱者デアルトイフコトカラ見テモ頷ケルト思ヒマス。

ソノ為ニコレカラ健全ニ進ンデ行カネバナラナイ社会ガドレ程迷惑ヲ受ケテヰルカトイフコトモヨク考ヘテミルトナカナカ大キイノデアリマス。

シカシ、ソレダカラトイッテコノ子供達ガ一概ニ悪イトハ言ヒ切レマセン。戦災孤児或イハ生活困窮児ハ戦争ノタメニ家ヲ焼カレ親ヲ失ッテ路頭ニ迷ヒ、精神薄弱児ハ遺伝ニヨリ又疾病ニヨッテ頭ガ悪クナリ、両方共ニソノマヽ放ッテ置カレルタメニ、ツイ苦シ紛レニ悪イコトヲスルノデアリマス。

ツマリ、言ッテミレバ我々ガ彼等ヲ放ッテ置クコトガイケナイノデ、彼等ヲヤハリ私達ノ仲間トシテ温ク育テ上ゲ、正シク教育スレバソレガ又同時ニ社会ノ健全ナ発展ヲ少シデモ助ケルコトニナルノデ、ドウシテモ、コノ子供達ヲ適当ナ施設ニ収容シテ教育シナケレバナリマセン。実際助ケルトカ救フトハ人ゴトノヤウニ申シマスガ、ヨク考エテミレバ、ミナ私達社会ノ人オ互ヒ自分ノタメナノデハナイデセウカ。私達ハカウシタ念願カラ近江学園設立ヘト起上ガッタノデアリマス。

今度生レタ近江学園ハ第一部トシテ戦災孤児、生活困窮児ヲ収容シ、第二部トシテ精神薄弱児ヲ収容スルコトニナッテ居リマス。第一部ノ方ハコレマデ虚弱児ヤイロイロナ問題児ヲ収容教育シテキタ三津浜学園ノ池田太郎君ガ受持チ、第二部ノ方ハ精神薄弱児ノ収容教育施設デアッタ石山学園ノ田村一二君ガ受持ツコトニナリマシタ。

近江学園ニ預カル子供ノ数ハ、サシアタリ第一部六十名、第二部五十名ノ予定デアリマスガ、コレデ今マデノ三津浜学園ト石山学園ヲアワセタモノノ三倍以上ニナリマス。トコロデソノヤウニ頭ノ悪イモノト、サウデナイモノトヲ同ジ学園ニ入レテウマクヤレルダラウカト心配サレル方ガアルカモシレマセン。

勿論、両方ヲ一緒ニ混ゼテ授業シタリシテハウマクユク筈ガアリマセンノデ、コレハ分ケテヤラナケレバナリマセン。シカシ作業ダトカ遊ビノ時ナドハ、一緒ニナリマス。ココデ頭ノイイ子ハ難シイ仕事ヲ、頭ノ悪イ子ハ易イ仕事ヲ受持ッテ、ソレゾレ自分ノ持前ヲ生カシナガラオ互ヒニ扶ケ合ッテ行クトイフ精神ヲ養フノデアリマス。コレハナカナカ難シイコトデセウガ、ウマク指導スレバ出来ナイ筈ハナイノデ、教育モココマデ行カナケレバナラナイノデハナイカト思ヒマス。

ソレカラ、人間ハ精神ト体トヲ切リ離シテ教育スルコトハ出来ナイノデ、精神ト共ニ体ノコトモ必ズ考ヘナケレバナリマセン。ソコデ、本当ニ心モ体モヨクシヨウトスルナラバ、ドウシテモ医学ト教育トガシッカリト手ヲ握ラナケレバナリマセン。精神ノ方面デ、コノ子ハ頭ノ程度ガコレ位ダカラ、或ハ、コチラノ方ニ進メルトヨクナルダラウトイフ傾向ナドヲ調ベルト同時ニ、体ノホウデモコノ子ハコウイフ体ノ状態ダカラコンナ仕事ニ適シナイトカ、ツマリ保育指導トイフコトガ行ハレナケレバ教育ハウマク成功シナイト思ハレマス。ソレデコノ学園ハ専任ノオ医者サンヤ保健婦サンヲ置イテ、コノ方面カラモ子供達ノ教育ニ力ヲ合セテヤッテ貫フノデアリマス。

ソレカラ、先程、子供達ノ作業ノ中デオ互イニ力ヲ合セ、扶ケ合フ精神ヲ養フト申シマシタガ又同時ニ、子供達ガ社会ニ出テカラ働クタメノモトニナル教育ニ致シマス。ソノ為ニ次ノヤウナ施設ヲツクリタイト計画シテ居リマス。

一. 農産科―農場、農産加工場
二. 畜産科―家畜飼育、畜産加工場
三. 林産科―薪、木炭製造、植林
四. 水産科―養魚、漁業
五. 工産科―簡易ナ各種ノ手工業
六. 別　科―炊事、裁縫、洗濯、事務、漕舟等ノ実習

ソシテ、同時ニコレラノ生産設備ニヨッテ収益ヲアゲ、ソレニヨッテ将来学園ノ独立自営ニマデユキタイトイフ夢ヲ持ッテ居リマス。

コレカラノ社会事業家ハ何デモカデモ、人ニ頼ッテユクトイフ気持チデナク、出来ルダケハ自分達ノ力デ自営シテユクトイフ気魄ヲ持タナケレバナラナイト思ヒマス。デナイト外部ノ変動ニヨッテイツモ学園ノ運命ガ左右サレテヰルヤウナコトデハ落着イテ仕事モ出来ズ、収容サレテヰル子供達モ気ノ毒デアリマス。

勿論、自分ノ力ダケデヤルコトハナカナカ難シイコトナノデ、ドウシテモ外部カラノ援助ハコレヲ有難ク頂カナクテハナリマセンガ、ソノ援助モ自分ノ力デ出来ルダケハヤラウトイフ気持ヲ持ッタ人ニ於テ、ハジメテ本当ニ生カサレルノデハナイカト思ヒマス。ソレデ先ニ述ベマシタ生産設備トイフモノヲコノ学園デハ大変重ク見テヰルノデアリマス。

次ニ、コノ学園ニハ研究室トイフモノヲ設ケマス。コレハ職員ノ研究ト研究生ノ発見トカ指導、ソレカラ外部ヘノ働キカケヲ主ナ仕事トシマス。

日々子供達ヲ相手ニ忙シイコトデスガ、ヤハリ研究ヲ怠リマスト仕事ガ進マズ、カヘッテ世ノ中ニ後レテシマウヤウナコトガアリマスカラ、ヨク注意シテ努力シナクテハナリマセン。ソレカラ今マデノ社会事業ガ初代園長ガナクナルト急ニ火ノ消エタヤウニ衰エタリ、解散ニナッテシマッタリシテ残念ニ思フコトガママアリマスガ、コレハ後ヲ継グ人ガナイノデ、ドウシテモ早クカラ後ヲ継グ人ヲ見ツケ出シテ置クトカ養ッテ置クトカシナケレバナリマセン。ソンナ意味カラ研究室ハナカナカ重要ナ設備ナノデアリマス。

以上、ザット申述ベマシタヤウニ、近江学園ハ現在ノ国家社会トシテ一日モ早ク手ヲツケナクテハナラナイトイフ仕事ヲ取リ上ゲテ出発致シマシタ。恐ラク我国デハ始メテデハナイカト思ハレル新シイ試ミヤ、抱負ヤ宿題ヲ私達ノ努力ニヨッテ、将来コレヲ成シ遂ゲ、ソノ頃ノ我国ノ社会ノ要求ニシッカリト応ジラレルダケノモノニシタイト念願シテ居リマス。

コレカラ先イロイロナ困難ニ出合ウコトガアリマセウガ、職員一同心ヲ合セ、力ヲ合セテ精進致ス覚悟デアリマス。

何卒皆サンノ深イ御理解ト御援助ヲ切ニ御願ヒ致シタイト存ジマス。

あらためてこの設立の趣旨の根本精神についてみてみると、

①教育対象の綜合について

戦後の児童福祉施設のなかでの近江学園の大きな特徴は、今日でいう養護児（戦災孤児と生活困窮児）と障害児（知的障害児）との両者を教育の対象とする綜合施設として出発した点にある。「それぞれが自分の持前を生かしながらお互いに扶けあっていくという精神を養う」ことを目的に置いている。

戦前の日本における社会事業家や教育者、医者がとりくんだ事業施設の歴史からみても綜合施設を目ざしたことは、特筆すべきことといえる（近江学園構想の当初には教護事業の淡海《たんかい》学園も加えた綜合学園を考えていたという）。

「……実際扶《たす》けるとか救うとか人ごとのように申しますが、よく考えてみれば、みな私たち社会の人お互い自分のためなのではないでしょうか。……」と社会の本来あるべき姿だとしている。いまでいう「共に生きる」とか「インテグレーション」に通じる考え方であり、のちに田村のいう「混在共存《こんざいきょうぞん》」の思想である。「……嘗《かっ》て三津浜学園児と石山学園児とを屡々《しばしば》往来せしめて相互にこの問題が深められた経験もあり、その他の多くの実験研究の結果、教育的にはむしろこの姿が本質的形態であることの確信が抱かれるに至った。……」（設立時の近江学園要覧）ともいっている。

②福祉と教育の結合について

社会に自立していくために必要な教育と福祉を一体のこととしてとりあげようとしたことである。とくに知的障害児の指導については、生活指導を基本として生活即教育の考え方をすでに「石山学園」の実践で経験している。浮浪児と呼ばれた子どもたちにとっても、健康な生活を取り戻させることと社会に自立していくための教育は一体のものでなければならないとしている。

③医学と教育の結合について

教育を知育に偏らない心身一体の教育、全人的教育を目ざした点である。具体的な指導を「保育指導」として、すでに「三津浜学園」の実践で経験している。知的障害に対する医学的知見や教育技術の乏しかった当時、保健衛生とともに医学的な研究解明も構想していた。

「……これらの特殊な児童の収容教育にとって、医学の占める位置は普通の学校衛生にも増して大で……殊に精神薄弱児にとってそうである。児童の身体的精神的発達が細心に見まもられて、最も適切な助言がなされるばかりでなく、個々の特殊性の発生原因についての医学的研究は教育の方法の改善ともなるわけで、医学と教育の提携がどうしても必要である。吾々はこの科学的な検討をこの学園で進めて行きたい……」（同近江学園要覧）と述べ、後のびわこ学園における処遇の中心にある理念とした「療育の理念」は、「専門的治療と教育」を内容としている。

④労働と教育の結合による独立自営について

子どもたちが社会に出てから働くためのもとになる教育（生産教育、生産学習）を目ざし、同時に、生産設備を備えて学園の独立自営を目ざすことを謳《うた》っている。

「……日本には社会的な自覚が殆どなかったことによるともいえるであろうが、一面、社会事業家そのものも自主独往の気魄《きはく》に欠ける点があり、余りにも外部よりの財的援助に依頼し過ぎる傾向が強かったという点が指摘されるのではなかろうか。……勿論外部よりの援助は衷心《ちゅうしん》よりの感謝を以て之を受くべきであるが、自主独往の精神を堅持して邁進する社会事業家に於いてこそはじめて外部よりの援助も真にその価値を発揮し得るものであると考えられる。……」（同近江学園要覧）と述べている。

理想と現実の難しさは、その後の近江学園実践の歴史の中でも大きな辛酸《しんさん》をなめることであったが、その気構えをもってことに臨むことを示したことは、単なる精神論として受けとめるべきものではなく、今日の福祉をとりまく状況をみるにつけ、行政に精通したことばとして重みを感じるものがある。

⑤職員養成と不断の研究について

事業を継承発展させていくために必要な職員の養成、後継者の養成を、研究室を設置して、不断の研究と外部への働きかけの業務とともにその任務を負わせている。

「……我国の社会事業不振の原因として、経営者が日々の仕事にのみ追われて学問的な研究を怠り勝ちであり、又創立者の個人的な人望にのみ頼りすぎて、ともすれば後継者の養成を忘れていた点などが指摘されてよいのではないだろうか。……そこでは常に優秀なる後継者の発見と、その養成にも力が注がれなければならない。……」(同近江学園要覧)

また、学園設立の当初から研究室を設け医局を設置して、児童を指導する現場から集積されるさまざまな記録を手がかりに、やがて知的障害児の指導成果を理論化するための基礎研究が、医学、心理学、教育学の面から蓄積されはじめて、知的障害児に対する新しい診断技術の研究と診断方法の開発に結実することになる。

⑥社会の要求に応える

日本の再建のために一日も早く着手しなければならない仕事であると自覚して、努力遂行して社会の要求にしっかりと応える不退転の決意を表明している。

「……近江学園は国家社会の現実の問題から誕生してその焦眉《しょうび》の急に応えつつしかもその内容の充実向上を図って、将来の高き水準に於ける国家社会の要請に応えたいという熱願に満ちている。……」（同近江学園要覧）とも述べている。

「今朝八時登庁。内務部長の官舎を訪問して、この決意を語る。許されるものならば私は自分の全霊全能力を傾けてこの事業を遂行いたしたい。自分の一身の立場、地位などは今は毫末《ごうまつ》も考えていない。厚生課の一事務官で十分である。もしこの事業に人を得て今こそ着手しなければ悔を後に残し、その時に至ってことを急いでも、もう間に合わぬほどの社会的な問題であると思う。その人は自分をおいて他にはない。協力者である田村、池田の両君は、現在、日本広しといえど他に比類を見ない人物である……」（『この子らを世の光に』九月一六日の糸賀の日記より）

近江学園の実践と課題への取り組み

これまで近江学園が創設されるまでをみてきたが、その後の近江学園開設と実践のあゆみを清水寛（埼玉大学名誉教授）が示している四つの時期区分を参考に事業の課題と展開に着目してみることにする。なお、糸賀一雄との関連を基本におくので、実践のあゆみについては糸賀の死と学園が移転するまでの時期に留めている。

㈠綜合民間施設として出発（一九四六（昭二一）―四七（昭二二）年）
㈡公立児童施設への移行と学園内部の整備・拡充（一九四八（昭二三）―五一（昭二六）年）
㈢年長精神薄弱者コロニーの開設と療護児の処遇の別グループ化（一九五二（昭二七）―六

二（昭三七）年〕

㈣重症心身障害児施設の開設と地域福祉の拠点としての施設づくりへの志向、糸賀の死と学園移転まで〔一九六三（昭三八）―七一（昭四六）年〕

㈠綜合民間施設としての出発〔一九四六（昭二一）―四七（昭二二）年〕

近江学園開設の準備は、その年（昭和二一年）の秋ぎりぎりまでかかり園舎となる元料理旅館・雅楽園《がらくえん》の土地建物の買収ができて、ようやく一気に進んだ。同志の奔走《ほんそう》により、とくに急務の炊事場の改修に着手、食糧確保のために開墾するなど多忙を極めるなか、職員家族のお年寄りが大きく貢献したという。

前述の三津浜学園、石山学園はすでに閉鎖となり、石山学園児男子一五名が田村の家族とともに、近江学園に移ったのが最初であるが、開設当初の近江学園資料は極めて少なく、児童福祉法が施行され滋賀県立近江学園となった一九四八（昭和二三）年度あたりから、近江学園年報などにより、その実態と活動の詳細が明らかになってくる。

この時期を特徴づけることがらとして、一つには、近江学園は綜合施設であることを掲げ、養護児と知的障害児とを教育の対象として始めたことである。養護児を第一部生、知的障害児を第二部生といって、教育は分けて行われたがのちには生活場面では混成するなど、教育体制の吟味が行われてくる。開設時の定員は、戦災孤児・生活困窮児六〇名、知的障害児五〇名、計一一〇名で始まった。

二つめは、児童福祉法がまだ制定されていなかったことで、同胞援護会及び社会事業協会の共同経営による、生活保護法の救護施設として設立され、翌年には生活保護法の保護施設として認可された。併せて義務教育を行うことを構想したが、施設内教育が法にもとづく教育と認められたのは一九四八（昭和二三）年四月のことである。

三つめに、近江学園には当初から医局が設置され、嘱託医ではなく医師を迎えたことである。大津市医師会の本原《もとはら》貫一郎医師の協力があって、地域の診療所としても活動したのである。さらに開園間もない学園に学生義勇軍以来の同志である岡崎英彦医師が復員してきて参加した。設立趣意書にも医学と教育の結合を謳っているが、衛生状態の良くなかった当時の子どもたちの健康や病因、障害の発生原因の研究、のちには重度障害児の引受けと重症心身障害児対策へ発展させて

昭和21年10月4日に買収した雅楽園の建物が近江学園になった。
トンガリ帽子の建物には戦時中の迷彩がほどこされている

ゆく本源として医局の存在は欠かせないことであった。

四つめは、近江学園において医局と同じく重要な役割を果たしたのが研究部の存在である。初代部長は岡崎医師であるが、のちにそれを引き継いだのが京都大学で教育心理学を研究していた田中昌人である。研究部には学園の実践指導記録のすべてがここへ集積された。そして研究部を中心とする職員集団によってつねに実践の理論化がはかられ、実践的、科学的研究をとおして近江学園の実践はさらに深められていった。田中は発達研究、発達診断技術の開発を手がけ、研究部として地域の検診活動に参加するなど、糸賀の発達保障理念の理論構築に大きく貢献したのである。

近江学園開園式（昭和21年）

①近江学園職員の三条件
「近江学園はこれからの児童にとって何よりも温かく楽しい、そして腹のくちくなる家庭でなければならない」（設立時の近江学園要覧）。未曾有の混乱と物資とくに食糧の不足する窮乏の最中《さなか》にあって、生活を共にしながら教育活動を行うという高邁《こうまい》な目標を掲げて出発したものの、大所帯の日々の衣食を賄うことは並大抵のことでないうえ、親・家族以上の愛情の

絆が求められる子どもたちである。さらには、立ちはだかる制度の貧困や社会情勢など、学園におし寄せてくるあらゆる困難に立ち向かっていくためには、全職員の同志的団結だけがたよりであり必要であった。そのような同志を求めるために、そして不断に自分自身をいましめるために、「近江学園三条件」が職員のモットーとして打ち立てられた。

一、四六時中勤務

初期の学園では、男子職員は空き部屋に、世帯職員は空き家に分散し、クラスを担任する女子職員には自室がなく、園児と同じ部屋に寝起きをした。休日はあってないような勤務であるが、全職員が子どもを育てる親の気持ちと同じで、子どもたちからいつ何時も心を放してはならないという心構えを示している。

二、耐乏の生活

「外部よりの援助は衷心よりの感謝を以て之を受くべきであるが、自主独往の精神を堅持して邁進する社会事業家に於いてこそはじめて外部よりの援助も真にその価値を発揮し得る」として、物資もなく窮乏の時代であるけれども、清貧にして志し高く学園の運営に立ち向かう決意を示している。

三、不断の研究
設立の根本精神を一人ひとりの職員が自覚して、学園の事業を継承発展させていくために、つねに研究心をもって臨むことを求めている。

これらの根底には、「かけがえのない子どもたちのいのちを守ること」と「子どもたちのための学園であること」が貫かれている。当時は、文字どおりそのままの意味で、心の休まる暇もない非常に困難な教育実践であるという覚悟を示したものであるというが、今日においてもなお新鮮なひびきをもって私たちを納得させるものがある。

②「どんぐり金庫」
職員の三条件の具体的なあらわれが、隗《かい》より始めよという意味で内部に結成された「どんぐり金庫」である。「どんぐり金庫」というのは、全職員の給料のプールにたいして名付けられたもので、誰が言いだしたともなく開設の初めから作られた。すべての職員が、いったん給料をプールし、みんなで協議して決めたわずかの小遣いや生活費の支給を受け、残りは当時の不足する学園の運営費にあてられたという。
近江学園の土地、建物と当初の諸設備は県からの提供をうけ、運営面では、形式的ではあるが同胞援護会の滋賀県支部と滋賀県社会事業協会の二つの団体が県の委託を受けて経営するという形ではじまった。したがって職員の人件費その他は県から二つの団体を通してまかなわれることになった。また、保護された子どもたちのほとんどが学齢児であったことから、県の教育行政当局からは住込み派遣という異例の取り扱いで、教員資格のある職員への人件費負担が認められた。いろいろな財源を探して辛うじて確保した人件費のみで、教育費もなく職業指導、生産教育現場の設備整備や遊具の設備、生活設備の改修などあらゆるものが不足していたのである。

近江学園の設立が有志による絶大な決意のもとに実現することになったが、財政的な裏打ちは不安定なものであった。当時において運営にかかる財源をどう捻出《ねんしゅつ》してしのいだのかは関心のあるところであるが、先に述べたように開設当初の資料は極めて少なく、やがて公立となるまでの実態と詳細は明らかでない。そのような中で、どんぐり金庫は「独立自営」の構想を掲げて出発した職員集団の自然発生的な意志と教育への熱意の所産とみることができる。

③後援組織「近江学園椎の木会」の結成

ひとまず開設にこぎつけたものの、日々増加する入園児の受入れと個々の困難な処遇、食糧確保の問題などに対処しながら、一方で学園内部の整備と拡充をすすめていかなければならない。

次第に地元南郷《なんごう》の青年団や多くの後援者からの協力が得られはじめるなど、地域の人たちの理解が得られるようになってくるとともに、後援組織結成の機運が高まり、一九四七（昭和二二）年七月には後援組織「近江学園椎《しい》の木《き》会」を結成し、さらに翌年五月には社団法人「近江学園椎の木会」と改組して、近江学園の外郭組織として位置づけられ本格的に活動を始めることとなった。

㈡公立児童施設への移行と学園内部の整備・拡充（一九四八（昭二三）—五一（昭二六）年）

要保護児童救済のために児童保護法の立法が待たれていたが、一般児童の健全育成も含めて、一九四八（昭和二三）年四月に児童福祉法（昭和二二年一二月公布）が施行され、これによって精神薄弱児施設は児童福祉施設の一施設となり、近江学園は「養護施設兼精神薄弱児施設」として認可され、同時に滋賀県立県営に移管された。

体制は、教育部、職業指導部、医務部、庶務部、炊事部、研究部の六部制とされた。定員は養護児一〇〇名、知的障害児五〇名の計一五〇名となり、この時の現人員は、養護児八二名、知的障害児四三名であった。

翌（昭和二四）年四月には、地域の石山小学校および粟津《あわづ》中学校の分教場として学園の教育面を学校教育法（昭和二二年八月公布）にもとづく教育施設として認可され、これまでの施設内教育が義務教育として制度的にも保障されることとなった。

近江学園の庶務部

ただし、教育施設の設置や予算の配分は、一九六二（昭和三七）年までなされなかった。

①いわゆる「近江学園事件」

創立二周年を迎えようとしたころ、外部で近江学園の活動に対する反感が強まり、GHQ軍政部の調査を受ける、いわゆる「近江学園事件」の発端がおきた。急伸展する近江学園へのねたみと反感から、不正運営の疑いをかけられ、「どんぐり金庫」の特別会計や「椎の木会」の後援活動を曲解したものであった。結局のところ事実無根で疑いは晴れたが、あらためて同志的結合を具現化した「三条件」という理念と「どんぐり金庫」という特別会計のあり方について大きな試練を経験したのである。「どんぐり金庫」はその後も職員の強い希望で続いたが、当局の指導もあって一年余りのちに解散となった。

②大木会の誕生

一九四九（昭和二四）年四月には、「どんぐり金庫」の精神を受け継ぐものとして、全職員により内部組織「近江学園大木会《おおきかい》」を結成して、毎月俸給の三パーセントを拠出することとなった。一九五二（昭和二七）年六月には、この「近江学園大木会」を外郭組織に位置づけ、大木会は次第に、近江学園から派生するさまざまな事業的課題をになう組織として、のちに一九五六（昭和三一）年二月、「財団法人大木会」の設立をみたのである。

このころ、なお増加する園児の受入れと、日増しに成長していく子どもたちの将来を考えて、就職とコロニーの建設という二つの方策を考えていた。

養護児については就職による自立と、小さい子どもたちには里子の開拓もなされてきた。一方、知的障害児には、就職も里子も縁がなく、一八歳を過ぎても学園から社会に出ていけない現状を考え、コロニーの建設が検討されるようになる。

一九四九（昭和二四）年八月に、糸賀は知的障害者のための単行法の制定を提唱している。これに対し、一九五一（昭和二六）年二月、厚生省通知「精神薄弱児施設における年齢超過者の保護について」により、知的障害児が年齢を超過しても、なお保護を必要とする者については、救護施設に収容し生活保護を行うことができることとなった。その後、「精神薄弱者福祉法」が制定・施行されたのは、一九六〇（昭和三五）年三月のことである（平成一〇年九月に「知的障害者福祉法」に改称）。

知的障害児の社会的自立ということは、教育的で生産的で保護的であるような環境＝コロニーでの、いずれにしても非常に長い期間の忍耐強い指導を要する、と述べ、コロニーの建設については、重度児のための保護的なコロニーと軽度児のための生産的なコロニーの二つを提唱している。

このような考え方のもとに、一つは一九四九（昭和二四）年一二月に、最重度児のための終身保護を目的とした「落穂寮《おちほ》」建設の方針を決定した。そして、翌（昭和二五）年五月、学園の隣接地に重度児のための精神薄弱児施設「落穂寮」を開設（定員二〇名）し、学園からさくら組の園児一四名と職員二名が転出した。近江学園から初めて独立させた施設である。外郭後援組織であった社団法人「近江学園椎の木会」は、この設置経営母体となるため、社団法人「椎の木会」と改称し独立した団体となった。

児童福祉法ができたとはいえ、まだ日が浅く戦後という状況の中にあって、一八歳までに社会へ送り出し自立、自活を求めることは、養護児においてもなかなか困難な時代であるが、知的障害の重度児にあってはおよそ不可能に近く、しかも日々の学園運営にあっては、立ち止まることが許されないことであった。それは学齢を過ぎた中・軽度の知的障害の子どもたちのためにも同じことであって、いずれにしても非常に長い期間の指導を要するこの子らのための生産的なコロニーの建設が待たれるのである。

㈢年長精神薄弱者コロニーの開設と療護児の処遇の別グループ化〔一九五二（昭二七）―六二（昭三七）年〕

この時期の近江学園の事業展開としては、外へのひろがり――生産的コロニーの建設が挙げられる。

近江学園における在園児数の推移をみると、開園以来養護児が年々急増して障害児を上回っていたが一九五二（昭和二七）年度から減少に転じ、一方、障害児は急増の一途をたどっている。また、一九五三年度には中卒児数が第一次のピークを迎えている。公立となった一九四八（昭和二三）年四月の定員は、養護児一〇〇名、知的障害児五〇名の計一五〇名であったのに対し、二年後の一九五〇（昭和二五）年四月の定員は、養護児五〇名、知的障害児一〇〇名の計一五〇名に変更している。

一九五二（昭和二七）年四月、窯業《ようぎょう》の町、信楽に地場産業を基盤とした生産的コロニーをめざして、年長男子のための精神薄弱児施設「信楽寮《しがらき》」（定員三〇名）が近江学園から分立、寮長池田太郎と職員二名が転出した。その後池田は、信楽寮の年齢超過者対策として、一九五五（昭和三〇）年九月、成人知的障害者のための自由契約施設「信楽青年寮」（定員一〇名・寮長池田太郎）を開設し、また、県立信楽寮は、一九六〇（昭和三五）年四月「信楽学園」と改称した。

一九五三年（昭和二八）年七月には、糸賀の私塾として、年長女子知的障害児のための職業指導施設「あざみ寮」（定員四〇名）が開設され、寮長糸賀房（糸賀一雄夫人）と学園職員一名、近江学園よりあざみ組の園児一二名が転出した。以後、近江学園より職業指導委託児一四名の委託を受ける（あざみ寮は、一九五八（昭和三三）年六月、財団法人大木会に移管される）。

同じく一九五三（昭和二八）年七月には、農業を基盤とする生産的コロニーをめざして、年長男子知的障害児のための職業指導施設として、「日向弘済学園」（財・鉄道弘済会が設置経営、定員三〇名）が分立、園長花岡忠男と元職員一名とその家族、近江学園より新白樺《しらかば》組の園児一二名が転出した。

一九六一（昭和三六）年四月には、年長男子のための精神薄弱児施設「一麦寮《いちばく》」（定員五〇名）を近江学園隣接地に開設、寮長田村一二と職員六名、近江学園より園児三二名が転出した。計画で

当時の信楽寮全景

信楽寮での
ろくろ作業

あざみ寮

は精神薄弱者福祉法に基づく収容援護施設として、大木会が建設し県に移管の方針であったが計画は消滅、そこで一部を年齢超過者のために自由契約とし、年長男子の児童福祉施設となったものである。

(四)重症心身障害児施設の開設と地域福祉の拠点としての施設づくりへの志向、園長の死と学園移転まで〔一九六三（昭三八）―七一（昭四六）年〕

①内へのふかまり―発達研究と重度重複障害児の処遇

一九五九（昭和三四）年二月に大木会理事会は、重度重複障害児のための滋賀育成園（仮称）の建設を決定し、一九六三（昭和三八）年四月、重症心身障害児施設びわこ学園として大津市長等《ながら》に、財団法人大木会を経営母体として開設された。定員は四〇床で、当時、近江学園医務・研究部長であった岡崎英彦医師と職員一〇名が学園および大木寮（近江学園内に私的契約児の施設として大木会が設置した寮）より園児六名とともに転出した。

これは、一九五三（昭和二八）年一二月、近江学園の療

当時の第一びわこ学園全景（昭和39年 9 月）

護児グループの重度のてんかんと強度のノイローゼの児童二名の長期療育が医局内で開始されてから一〇年に及ぶ療育の実践を踏まえて、専門的な医療と教育を兼ね備えた施設として発足したものである。

近江学園の教育計画の中では、このグループは翌（昭和二九）年四月から療護クラス「杉の子組」として位置づけられ、一人ひとりの個別の状態を重視するとともに、療育技術の研究が開始され綿密な記録がとられた。一九五八（昭和三三）年四月には、杉の子組を「すぎ組」として、医局から教育部第一班に移し、その年長児のための「ひのき組」を編成。医療と教育の結合を教育体制の中で実現し、人格性の陶冶《とうや》をはかることをめざしたものである。

びわこ学園はさらに増床を重ね、一九六六（昭和四一）年二月に、野洲町《やすちょう》（現、野洲市）南《みなみ》桜《ざくら》に第二びわこ学園（定員一〇〇床）を開設した。

②乳幼児発達相談室の発足

一九六四（昭和三九）年四月、近江学園研究室に乳幼児発達相談室が開設される。五八年から研究部が参加して行われた地域での乳児検診活動などの成果を基盤として、六五年五月に大津市の公衆衛生行政の一環として「大津市母子健康センター」が開設され、のちに大津市の乳幼児から就学前までを一貫してフォローアップする「障害乳幼児対策大津方式」の確立に大きく貢献した。

石部町へ移転した近江学園（『滋賀県史 昭和編 第５巻 社会厚生編』より）

③糸賀一雄の死去と近江学園の移転

一九六八（昭和四三）年九月一七日、糸賀は、滋賀県児童福祉施設等新任職員研修会で、「施設における人間関係」と題する講義を行っていた。二時間余りたって講義が終わりに近づいて、「この子らを世の光に」と「この子らに世の光を」の違いについて熱く語りかけたあたりで突然その場に崩れるように倒れ、翌日午後二時一五分、連合弁膜症と脳栓塞《せんそく》のため、五四歳のあまりにも早い生涯を閉じた。

このときすでに、大津市南郷にあった滋賀県立近江学園と近隣施設は、建物の老朽化と場所の手狭を解消するため、また子どもたちの安全な環境を求めて、石部《いしべ》町への総合移転計画が決定していた。その後一九七一（昭和四六）年一〇月、近江学園は滋賀県石部町（現、湖南市）へ移転し、時代の一区切りが付けられるが、その後の近江学園の実践については、近江学園創立五〇周年記念誌『消シテハナラヌ世ノ光』（県立近江学園発行、一九九六年）に詳しくまとめられている。

「発達保障」の立場にたつ糸賀福祉思想の成立と展開

「私はわが国の現実の社会に生起するさまざまな不幸にたいして、深い関心をいだかざるを得ない。そういう不幸を救済するための多様な対策や、進んで福祉を建設しようとする試みにたいして大いなる関心をいだいてきたものである。そしてそういう対策や試みがつみかさねられ、あるいは修正されて、今日の福祉国家路線がしだいに現実度を高めてきていることを感じさせられているものでもある」という書き出しで糸賀の著『福祉の思想』（ＮＨＫブックス）は始まる。ここには糸賀一雄の福祉に対する感情がこめられている。また、社会事業から社会福祉へと転換してきた自らの心にとめてきた思いでもあろう。その思いに突き動かされて新しい施策を次々に展開してきたといえる。この著書は糸賀が亡くなる半年前に書かれたものであり、『福祉の思想』は文字どおり糸賀一雄の福祉思想の集大成であり、福祉実践の結実したものといえる。

糸賀思想には二つのキーワードがある。一つは「社会」であり、もう一つは「共感」という言葉に集約される。それを最もよく表している文章に次のようなものがある。

「障害や欠陥があるからといってつまはじきする社会を改革しなければならない。しかし変革は突然にやってくるのではない。社会のあらゆる分野で、人びとの生活の中で、その考えや思想が吟味されねばならない。基本的な人権の尊重ということがいわれる。しかしその根本には、ひとりひとりの個人の尊重ということがある。おたがいの生命と自由を大切にすることである。それは人権として法律的な保護をする以前のものである。共感と連帯の生活感情に裏づけられていなければならないものである」

ここに見られるように社会の中で、一人ひとりが大切にされ、育ちあうことが重要であり、そこには障害の有無は関係なく、かけがえのない命を生きることのできる社会の実現が求められている。また、そのことが法や施策になったから守られるというものではなく、個人の尊重という点においてそのことがお互いの「共感」と「連帯」によって守られていくという考え方は糸賀一雄の実践に一貫して貫かれた思想ということができる。また、糸賀は施設の役割を次のように述べている。

「施設の存在が現実の体制の補完的な意味を持っていることはやむをえないことというよりも、むしろよいことなのである。それが現実的だからである。欠陥は補われなければならない。施設は同時に、その存在自体が新しい社会、即ち理解と愛情に結ばれた新しい社会形成のための砦としての役割を持っていることを自覚させられる」

糸賀一雄は実践は立ち止まれないという考えを持って施設経営を行ってきた。その中で、施設は新しい社会であることを自覚し、その役割を常に考えてきたといえる。

しかし、糸賀もすぐにそのような考えに至ったのではなく、実践の中で自己と向き合い、反省と発見をかさね価値を転換してきたのである。

初期の頃は、知的障害児を「永遠の幼児」とみなして保護を第一と考えていた。また、社会への始発駅と位置づけた近江学園から就職できない人、重度で社会復帰の困難な子どもたちを

「沈澱者」と呼んだことを後年、深く反省をこめて述懐している。しかし、その時代にあって保護は当たり前の考え方であった。その時々に今行っている実践を振り返る中で、「保護の中の自立」「自己実現」へと考えや実践が展開していくのである。とりわけ重症身心障害児との出会いが糸賀一雄の価値観を転換させたのではないかと思われる。そこには、「愛」を根底に「共感」しつつ実践に取り組んだ実践家の姿がある。「共感」とは簡単なようで他者を受け入れるという点において大変難しいことであるが、糸賀は「共感」ということを理論ではなく実践の中で自然に行えたひとりということができる。その実践を通じて糸賀思想のキーワードである「社会」と「共感」から発展した『この子らを世の光に』ということばは、ノーマライゼーションのさきがけとなった。福祉や施設ということばがあたり前に聞かれる今、原点に返って「福祉とは」「施設とは」ということを考える時にも、哲学、宗教、思想に裏付けられた糸賀の福祉観、施設観は今もなお新しい。また、その思想は現代においても福祉の進むべき方向を示しているといえる。糸賀は『この子らを世の光に』の中でつぎのことばを遺している。この言葉で糸賀思想を締めくくりたい。

「……人間と生まれて、その人なりの人間となっていくのである。その実現こそが創造であり、生産である。私たちのねがいは、重症な障害をもったこの子たちも立派な生産者であるということを、認めあえる社会をつくろうということである。『この子らに世の光を』あててやろうというあわれみの政策を求めているのではなく、この子らが自ら輝く素材そのものであるから、いよいよみがきをかけて輝かそうというのである。『この子らを世の光に』である。この子らが、生まれながらにしてもっている人格発達の権利を徹底的に保障せねばならぬということなのである。……」

一人ひとりのかけがえのない生命を実現するために「人」を中心にすえた福祉こそ現代に求められるものであり、糸賀一雄が社会に求めた「価値」もそこにあるのではないか。そのような社会の創造の指針がこの一節に込められている。

参考・引用した文献

糸賀一雄著『この子らを世の光に』（柏樹社、一九六五）

糸賀一雄著『福祉の思想』（日本放送出版協会、一九六八）

清水寛著『発達保障思想の形成』（青木書店、一九八一）

糸賀一雄著作集刊行会編『糸賀一雄著作集』Ⅰ（日本放送出版協会、一九八二）

糸賀一雄著作集刊行会編『糸賀一雄著作集』Ⅱ（日本放送出版協会、一九八二）

糸賀一雄著作集刊行会編『糸賀一雄著作集』Ⅲ（日本放送出版協会、一九八三）

近江学園編『近江学園年報』第一〜十号（近江学園）

近江学園創立五〇周年記念誌『消シテハナラヌ世ノ光』（滋賀県立近江学園、一九九六）

石野美也子著『糸賀一雄、その求めたもの—近江学園創立五〇周年記念誌—』（滋賀県立近江学園、一九九六）

三浦了『糸賀一雄　人と仕事』（財団法人糸賀一雄記念財団、二〇〇二）

滋賀県社会福祉協議会編『みんなちがってみな同じ』（サンライズ出版、二〇〇四）

糸賀一雄と近江学園関連年譜

年代	和号	年齢	糸賀の福祉思想の形成	近江学園の実践のあゆみ	近江学園における教育体制
一九一四	大正三	〇	●三月二十九日　鳥取市で出生		
一九二六	一五	一二	●鳥取市立鳥取第二中学校入学		
一九三五	昭和一〇	二一	●京都帝国大学文学部哲学科入学		
一九三六	一一	二二	●小迫房と結婚 ●生涯の友として敬愛した親友の圓山文雄が山で遭難死亡		
			想の基盤形成		
一九三八	一三	二四	●京都帝国大学文学部哲学科卒業 ●京都市第二衣笠小学校代用教員勤務、四年生担任 ●池田太郎、木村素衛との出会いを得る		
一九三九	一四	二五	●鳥取第四十聯隊に召集、三か月後発病 ●病気により帰郷療養　召集解除		
一九四〇	一五	二六	●任滋賀県社会教育主事補		
一九四一	一六	二七	●知事官房秘書課長 ●近藤壌太郎知事の下で人づ		

			障害児福祉思	近江学園前史	
			くりを学ぶ ●学生義勇軍の運動に参加、のちに十河信二との出会いをえる		
一九四二	一七	二八		●三津浜学園（軍人家庭の病弱・虚弱児施設）主任に池田太郎を推薦	
一九四三	一八	二九		●池田の案内で田村一二を京都市滋野国民学校に訪問 ●石山学園（生活的な特殊教育を行うための精神薄弱児施設）を開設、責任者に田村一二を推薦	
			祖国再建の一環としての福祉・教育事業観の生成	総合的民間施設としての出発	
一九四六	二一	三二	●「近江学園設立の趣意書」執筆、祖国再建につながる仕事として決意 ●慈善事業と決別した六点の根本精神（対象の綜合、医療と教育の結合、福祉と教育の結合、労働と教育の統一的結合による独立自営、職員養成と不断の研究、社会の要求に応える）を明確にする。朝日新聞に発表 ●国家社会が自己の責任にお	●四月から九月にかけて池田・田村と近江学園の構想を練る ●同胞援護会と社会事業協会の共同経営による生活保護法の救護施設として、大津市南郷に戦災孤児・生活困窮児と精神薄弱児のための「近江学園」設立 ●併せて義務教育を行うことを構想	●当初、石山学園児一五名を受入 ●定員、養護児六〇名、精神薄弱児五〇名

西暦	昭和	年齢
一九四六	二一	三二
一九四七	二二	三三
一九四八	二三	三四
一九四九	二四	三五

祖国再建の一環としての福祉・教育事業観の生成

（一九四六）いて当然解決しなければならない課題であると自覚

児童福祉理念の実践的深化

（一九四九）●精神薄弱者のための単行法制定を提唱、精神薄弱者福祉法が公布されるのはこれより十一年後の昭和三十五年である

総合的民間施設としての出発

（一九四六）●近江学園職員の三条件「四六時中勤務・耐乏生活・不断の研究」を樹立

（一九四七）●「どんぐり金庫」を設立

●後援組織「近江学園椎の木会」結成

移行と内部の整備拡充

（一九四八）●児童福祉法の施行に伴い近江学園が養護施設兼精神薄弱児施設として認可され、滋賀県立となる。初代園長・糸賀一雄

●社団法人「近江学園椎の木会」に改組

●GHQ軍政部より調査を受ける（いわゆる近江学園事件の発端）

（一九四九）●学校教育法に基づき園内に大津市立石山小学校、粟津中学校南郷分校が設置

●どんぐり金庫を解散、あとにその精神を受け継ぐものとして、全職員により内部組織「近江学園大木会」を結成

養護児・知的障害児の生活区区分・「教育部・職業教育部」教育体制の成立

（一九四八）●定員、養護児一〇〇名、精神薄弱児五〇名となる

（一九四九）●内部組織を教育部、職業指導部、医務部、庶務部、炊事部、研究部の六部制とする

●教育部の中に、第一教育部（知能普通児）、第二教育部（精神薄弱児）、第三教育部（義務教育年齢以上の知能普通児と精神薄弱児）を設ける

西暦	昭和	年齢
一九五〇	二五	三六
一九五一	二六	三七
一九五二	二七	三八
一九五三	二八	三九

新しいコロニー理念にもとづく生涯保障の志向と重度精神薄弱児観の自己変革

一九五〇

●生産的、教育的、保護的環境として社会への橋渡しの性格を持つコロニーの必要性を提起

●信楽町に窯業を中心とした産業的なコロニーを構想。その他農業、重度者のコロニーについても構想

公立児童施設への

一九五〇

●社団法人近江学園椎の木会は社団法人椎の木会と改称し、落穂寮（重度児のための精神薄弱児施設、定員二〇名、寮長斎藤謙蔵）を大津市南郷に開設

年長児コロニーの開設と療護児処遇の分化

一九五二

●滋賀県立信楽寮（定員三〇名、寮長池田太郎）信楽町に開設。窯業による年長男子のための精神薄弱児施設として近江学園から分立。七月に白樺組の園児二〇名が信楽寮へ入寮

●社団法人椎の木会は社会福祉法人椎の木会となる

●近江学園大木会を近江学園の外郭組織として位置づける

一九五三

●あざみ寮（年長女子精神薄弱児のための職業指導施設、

重度児の施設分離・軽度児・養護児の生活区共同化

一九五〇

●小、中学部を合併して教育部とし、生涯部を職業指導部とする

●定員、養護児五〇名、精神薄弱児一〇〇名となる

一九五一

●教育部、職業指導部を廃し、全園児を小学生と中学生以上に分け、前者を初等教育部、後者を産業教育部とする

●産業教育部の各科でも精神薄弱児と養護児を一緒にした指導に取り組む

一九五三

●この頃、就職して社会に出た者五十数名（精神薄弱児数

	一九五三	一九五四
	二八	二九
	三九	四〇
新しいコロニー理念にもとづく生涯保障の志向と重度精神薄弱児観の自己変革		
療護児処遇の分化	定員四〇名、寮長糸賀房）を糸賀の私塾の形で大津市真西町に開設。近江学園よりあざみ組の園児一二名入寮、職員一名転出。以後近江学園より職業指導委託一四名を受ける ●財団法人鉄道弘済会、日向弘済学園（年長男子精神薄弱児のための職業指導施設、定員三〇名、園長花岡忠男）千葉県山武町に開設。近江学園より新白樺組の園児一二名入寮、元職員一名とその家族が転出	
統一的カリキュラム試行	名を含む）、落穂寮、信楽寮、日向弘済学園、あざみ寮へ移籍した者五十数名、就職児のうち定着二五名、転職一七名、失敗八名、予算の裏づけがない中でアフターケア委員会が積極的な活動を行う	●教育審議会を中心に全員参加で学園の実践の歴史と、信楽寮、日向弘済学園、あざみ寮へ移った青年前期の子どもたちのパーソナリティが一変した事実から学び、全学園を通じた根本的な教育方針およびカリキュラムの作成を推進 ●近江学園教育計画を作成 ●重度、重複障害児三名による療護クラス杉の子組発足

		一九五五	一九五六
		三〇	三一
		四一	四二
重症心身障害児の療育実践に基づく「発達的共感」の思想の獲得		●「昭和三〇年から三一年にかけて近江学園は創設以来十年の歳月を重ねてきたがようやく重症の心身障害をもつ子どもたちを前にして、改めて、目がさめたような気持ちであった」（『この子らを世の光に』）	●この時期、重症児に対する糸賀一雄の考え方に変化がみられる
年長児コロニーの開設と		●信楽青年寮（成人精神薄弱者のための自由契約施設、定員一〇名、寮長池田太郎）信楽町に開設 ●落穂寮成人寮（年齢超過者のための自由契約施設、定員一〇名、寮長斎藤ちか）	●財団法人大木会設立、成人寮一麦荘を設置 ●杉の子組の入園児も重症・年少化し、第二期の実践に入り、新しい施設体系の構想に目標を置いた取り組みを開始 ●信楽寮を中心とした精神薄弱児の人格性発達に関する研究を開始 ●この頃より、精神薄弱児の
重症児のグループ化と療護の試み・	児童一人ひとりの個別の状態を重視する、療護技術についての研究を開始、綿密な資料と記録がとられる	●杉の子組の調理室を医局に設け食事指導に重点を置く一方、緊張性の強い児童が集団生活に戻った際に、主体性が確立できるように配慮する必要が提起される ●初等教育部、産業教育部を廃し、新たに教育部を設ける。教育部に、学習教育、作業教育、生活教育、班活動の四部門を置く	

一九五六	一九五七	一九五八	一九五九	一九六〇
三一	三二	三三	三四	三五
四二	四三	四四	四五	四六
重症心身障害児の療育実践に基づく「発達的共感」の思想の獲得				
				●第一〇回国際社会事業会議（於ローマ）出席と精神薄弱対策視察のため、デンマーク、スウェーデン、ベルギー、西
療護児処遇の分化				
指導成果を理論化するための基礎研究が、医学、心理学、教育学の面から蓄積されはじめる	●精神薄弱児に対する新しい診断方法の開発と研究を開始	●大津市制六〇周年記念健康祭を機に乳幼児検診に参加、障害児の早期発見と指導に関する研究を開始 ●あざみ寮を財団法人大木会に移管すると同時に一麦荘を一麦寮と改称する ●県内各施設の重度児について発達研究を開始		●アフターケアの必要性が増大、実態と内的適応の把握に努める。再教育の場として大木会が大きな役割を果たす
	症児グループの学級化			
		●重度重複障害児の杉の子組をすぎ組として医局から教育部第一班に移し、その年長児のためのひのき組を編成、医療と教育の結合を教育体制においても追求し、人格の陶冶をはかる ●養護児通学班を編成、職員子弟とともに石山小学校、南郷中学校へ通学させる。これを機に近江学園は精神薄弱児の教育に専心することとなる	●年末年始の短期里子に行く者三一名 ●近江学園子ども会が発足	●教育部を第一班（小学年齢重度）、第二班（小学年齢中・軽度）、第三班（中学男子）、第四班（中学女子）、一麦班（中

一九六一

三六

四七

「発達保障」理念の獲得

ドイツ、スイス、フランス、オーストリア、イタリアおよびオランダへ出張

●指導体制検討のための自主的な集まりである土曜会が発足、子どもたちの指導体制について発達保障の観点にたった吟味を行う

●ヨーロッパより帰国

●糸賀のヨーロッパ滞在中に考えた発達の考え方と土曜会における考え方の一致を感じる。このようにして糸賀をはじめとして職員集団による「発達保障」理念の獲得がこの時期になされた

年長児コロニーの開設と

●信楽寮が信楽学園（定員五〇名）と改称

●財団法人大木会、一麦寮（年長男子のための精神薄弱児施設、定員五〇名、寮長田村一二）大津市南郷に開設。近江学園より園児三一名入寮。職員六名が転出

集団編成の体系化・重

卒以上）とする

●養護児通学班九名を湘南学園に移籍

●従来の教育部を廃止、第一教育部（精神年齢三歳まで）第二教育部（同六歳まで）第三教育部（同七歳以上）とし、生産部を第三教育部に合併、新たに文化部を新設。

●発達的に共通な課題を持つ教育組織を編成、それぞれ部として提携しつつ、独立して課題の追求に取り組む

●知能指数という見方を廃止、暫定的に精神年齢による見方を採用

●重度児のための指導体制は引き続き検討課題となる

一九六一	一九六二	一九六三	一九六四	一九六五
三六	三七	三八	三九	四〇
四七	四八	四九	五〇	五一
「発達保障」理念の獲得		立と展開		
		●近江学園の施設の現状と今後の構想について基本構想をまとめる ●成人施設を昭和三九年度予算に上程すべく県の諮問を受け「扇の要」論を展開		
年長児コロニーの開設と療護児処遇の分化		祉拠点		
	●社会福祉法人一麦寮設立。財団法人大木会より施設一麦寮の移管をうける	●大木会、びわこ学園（重症心身障害児施設、定員四〇床、園長岡崎英彦）大津市神出開町に開設。近江学園、大木寮より児童六名入園、職員一〇名転出	●ホステル形式の家族的な施設として大木寮の建設を提案	●初の独身職員宿舎一二室完
	・重症児施設への分離			
●研究部と協力した実践の吟味が進む	●この頃、第一教育部では全体学習、すぎ組の孤立化の防止、歩行訓練と遊びや運び作業による渦作り、グループのきりかえと二段ロケット指導などに取り組む。第二教育部では全体学習、リトミック、造形、むすび織、水道方式による算数の指導に取り組む。第三教育部では、さらに基礎学力、技術の習得、そして児童会活動が取り上げられる	●成人精神薄弱者のための診断方法の研究を開始 ●園児の重度化、年長化の傾向が進む ●生活年齢の教育的意義を考慮し、各教育部から生産教育活動に参加できるようにする		●園内組織を第一教育部、第

			「発達保障」の立場に立つ福祉思想の成	重症児施設の分化と地域福	発達保障と教育体制の再編成
			●発達保障研究会が発足	成、使用開始、職員家族舎は一七世帯となる ●近江学園・大木寮を退園して就職している者の実態調査を実施 ●社会福祉法人一麦寮を社会福祉法人びわこ学園と改称し、同時に財団法人大木会から施設びわこ学園の移管を受ける	二教育部、第三教育部、生産部、医務部、研究部、文化部、庶務部、大木会とし、創立の三精神の主体的発展を期す ●発達における質的転換期から転換期までを共通の教育課題をもつ教育部とし、各自に質の異なる複数の教育集団活動を保障するための編成に着手 ●宿直勤務制を実施
一九六六	四一	五二	●国際福祉大学の設立を提唱 ●財団法人大木会、心身障害者福祉問題綜合研究所を開設、所長となる	●社会福祉法人びわこ学園、第二びわこ学園（定員一〇〇床、園長岡崎英彦）滋賀県野洲町に開設、第一びわこ学園より園児二九名、職員一九名異動 ●近江学園は養護施設を廃止し、精神薄弱児施設（定員一五〇名）のみとなる	●発達保障の体制を追求、新指導体制により各自の発達に則した複数の教育集団を保障する教育活動を実施
一九六七	四二	五三	●庇護授産所、通勤寮、幼児教育機関の建設を提起 ●「心身障害者の福祉事業に尽くした功績」により昭和四一年度朝日新聞社社会奉仕賞	●『進歩における極微の世界』（のちに『夜明け前の子どもたち』と改題）の映画製作に着手	

			「発達保障」の立場に立つ福祉思想の成立と展開	重症児施設の分化と地域福祉拠点	発達保障と教育体制の再編成・重症児施設への分離
一九六七	四二	五三	受賞、副賞を庇護授産所建設基金に寄付 ●東南アジアに手を差しのべ世界に目を向けた人類福祉への道を提起 ●綜合研究所における三つの課題として診断技術、指導技術、福祉対策の研究を開始		
一九六八	四三	五四	●『夜明け前の子どもたち』完成。京都新聞ホールにて試写会 ●九月一八日　午後二時一五分、連合弁膜症、脳栓塞により死去 ●九月二四日　故糸賀一雄告別式（滋賀県厚生部主催）	●近江学園の移転問題が県の「児童福祉対策」として新聞紙上に発表される ●社会福祉法人大木会設立、びわこ学園から一麦寮の移管をうける	●教育部に班組織をおき従来の第一、第二、第三、第四教育部及び生産部を班とする ●職員各自が二領域専門性を持つことを提案

滋賀県の福祉圏構想の取り組み

滋賀文化短期大学　教授　川上雅司

「滋賀県社会福祉計画」と地域福祉の推進

㈠はじめに

一九八一（昭和五六）年一月、滋賀県地方社会福祉審議会、滋賀県児童福祉審議会両委員長連名で、社会福祉の総合的な初めての計画である「滋賀県社会福祉計画（案）」が、滋賀県知事武村正義《まさよし》に答申された。

この計画は、その後の滋賀県の福祉行政の大きな指針となり、今日においてもその占める位置は大きく、また、その後の国の福祉計画にも大きな影響を与えている。

当時、障害者共同作業所は一市町村一か所以上設置という計画の下で整備が進められつつあったが、大津市の障害児の早期発見、早期療育は、人的、財政的な制約もあり、県下に普及されるにはいたっていなかった。また、人口の高齢化が顕在する中にあって、寝たきり老人等施設整備を計画的に推進することが必要となってきていた。

このような背景の下、前任の社会福祉課長伊原正躬《まさみ》から一九八〇年四月に事務を引き継いだ辻哲夫は、着任早々、社会福祉計画担当課長として、池田太郎、田村一二、岡崎英彦、守田厚子県母子福祉のぞみ会長等々、主だった委員のところに直接出向き、意見を聞いて回った。

その中で、障害者や高齢者が地域の中で、人と交わりながらできる限り自立した生活を続けることができるようにする。そのためには市町村行政が主体となって取り組むことが必要である。しかし、人口規模もまちまちな市町村で福祉サービスを整備するためには、現実の福祉サービス提供可能な行政体制を確保するため、「福祉圏」の概念を打ち出すこととなった。

また、福祉への関心や理解を得るための福祉教育が実施され、ボランティア活動などが各地で実施されるようになってきた。このような状況の中で策定された計画は、そのサブタイトル「真心がかよいあう福祉滋賀を」が示すとおり社会福祉の質的な面での充実が強調されるとともに、「県長期構想を基本に行政と民間が相互に協調し合いながら本県における社会福祉を総合的かつ能率的にすすめるため、将来への展望の上にたった昭和六〇年度を目標年次とする基本的な指針を明らかにしようとするものです」とし、さらに、「行政関係者の活動指針としてだけでなく、ひろく県民のみなさんの自主的、創造的な民間福祉活動のためにも活用願いたいと考えています」として行政が行う公的施策の推進とあわせて人々が声をかけあい、励ましあい、助けあうといった地域連帯に支えられた県民一人ひとりがそれぞれの立場で参加する福祉を提唱している。

(二) 地域福祉の推進

計画の総論部分で「地域福祉の推進」が揚げられて、高齢者、障害者、子どもなどが施設へ入所しなくてもごく普通に生きいきと生活できる地域社会の実現を目指すとし、そのためには、利用者のより身近な地域で施設やサービスが整備されるとともに声をかけ合い、助け合い、ともに生きるといった連帯に支えられた地域社会をつくることを目指している。そのための具体的な方策として次の三項目をあげている。

①福祉意識の高揚と定着

地域住民の福祉に対する理解を高めることが地域福祉の推進に不可欠であるという認識のもとに、広報啓発活動の推進や家庭教育、学校教育、社会教育との連係のもとでの福祉の実践的教育を実施するため、県民のだれもがそれぞれの立場で、日常の生活活動の中で福祉とのかかわり合いを繰り返しもつことができるよう「県民福祉活動推進会議」の設置を提唱している。これは福祉関係者をはじめ教育関係者、企業関係者など幅広い県民代表の参加のもとに日常のさまざまな活動の中に少しでも福祉とのかかわりを加えてもらい、実践活動につなげていこうとするものである。

②ボランティア活動の促進

「ボランティア活動は、人と人とのきめ細かなふれあいを通じて福祉をうるおいのあるものにし、地域の福祉を高めるとともに、活動する人自身をたかめていくという限りない可能性を持った活動です」とし、地域の福祉の質を高めるとともにボランティア自身をも高めるとしている。

③福祉圏構想

高齢者、障害者、子どもなどをめぐるさまざまなニーズに的確に対応できるような社会福祉のシステムを確立していくため、身近な集落、町内会、自治会を単位とする「生活福祉地域」、市町村を単位とする「市町村福祉地域」、県事務所（現、地域振興局）ごとに県下を七ブロックに区分けした「福祉圏」（81ページの図参照）を設定し、それぞれの地域を具体的に明らかにしながら地域福祉を推進していくこととしている。

福祉圏構想は、地域福祉を推進するための福祉の取り組みを地域の広がりに応じて重層的に整備していくという具体的な方策を明らかにしている。

それぞれの地域の具体的な役割と活動については別表（87ページの福祉圏構想の概要）のとおりであるが、

一、生活福祉地域は、集落、町内会、自治会といったように人と人との日常的なつながりのある地域の広がりであり、民生委員児童委員や市町村（学区、地区）社会福祉協議会が中心になって、地域におけるさまざまな福祉の問題を具体的に把握し、その解決を図るために地域においては何ができるかを話し合い行動すること。地域の日常生活活動の中における人と人とのつながり、例えば、声をかけ、励ましあう、身近な人々どうしが助けあう。子ども会などの行事をとおして、高齢者、障害者、子どもを含めてふれあう、ひとり暮らし老人などが病気になったとき、すぐに連絡できるような関係をつくっておく。といったような活動があげられており、地域で人と人とのつながりを維持していく基本の活動が、生活福祉地域の活動とされている。

二、市町村福祉地域は、ある程度専門性を必要とし、地域における民間福祉活動や行政による在宅福祉サービスが展開される地域の広がりである。この地域では、市町村、市町村社会福祉協議会が中心になり、ある程度専門性のある民間地域福祉活動、例えば、社会福祉施設と地域住民のかかわり方についての調査や、障害者や高齢者にとって、まちの構造は住みよいものになっているかどうかの調査、ボランティアの育成、ひとり暮らし老人のつどいの提唱など人や集まりの育成、給食サービスなど地域住民の協力により行われることに意味のある諸サービス事業の助長指導、地域関係者や行政機関などのネットワークづくりなどの活動があげられている。また、一般的に地域住民の日常活動として期待し得ないようなサービスの提供、例えば、ねたきり老人介護教室の開催、ホームヘルパーの派遣、老人介護感謝券の交付事業、身体障害者介護人派遣事業、老人クラブ活動に対する援助、老人憩いの家の建設、児童遊園や親と子の草の根ひろばの整備、障害児保育に対する援助などがあげられている。さらに、生活福祉地域や市町村福祉地域における民間福祉活動との連係として、例えば、市町村社会福祉協議会などの民間福祉活動の育成やホームヘルパーの派遣などの諸サービスと生活福祉地域における福祉活動との連係などの活動があげられている。

三、福祉圏は、各市町村単位での整備が困難な障害児（者）の通園通所事業（施設）や在宅訪問看護指導事業などを関係市町村が協力して整備し、また市町村が実施する事業の研究、連絡調整、さらには、市町村社会福祉協議会などを中心として行う市町村福祉地域や生活福祉地域での民間福祉活動についての研究、など市町村を超えた地域の広がりである。

福祉圏は県（福祉）事務所単位に、大津、湖南（琵琶湖対岸の志賀町を含む）、甲賀《こうか》、湖東、愛犬《あいけん》（愛知《えち》郡と犬上《いぬかみ》郡）、湖北、湖西の七ブロックに分け各福祉圏では、福祉需要の総合的な把握や事業の調査、研究、事業実施、連絡調整などを行う地域福祉推進協議会を設置するとしている。

その推進協議会の構成メンバーは、各市町村、福祉事務所、児童相談所、保健所、雇用、教育関係機関、市町村社会福祉協議会、社会福祉施設、各種民間団体などであり、原則として県（福祉）事務所が事務局を担うこととしている。

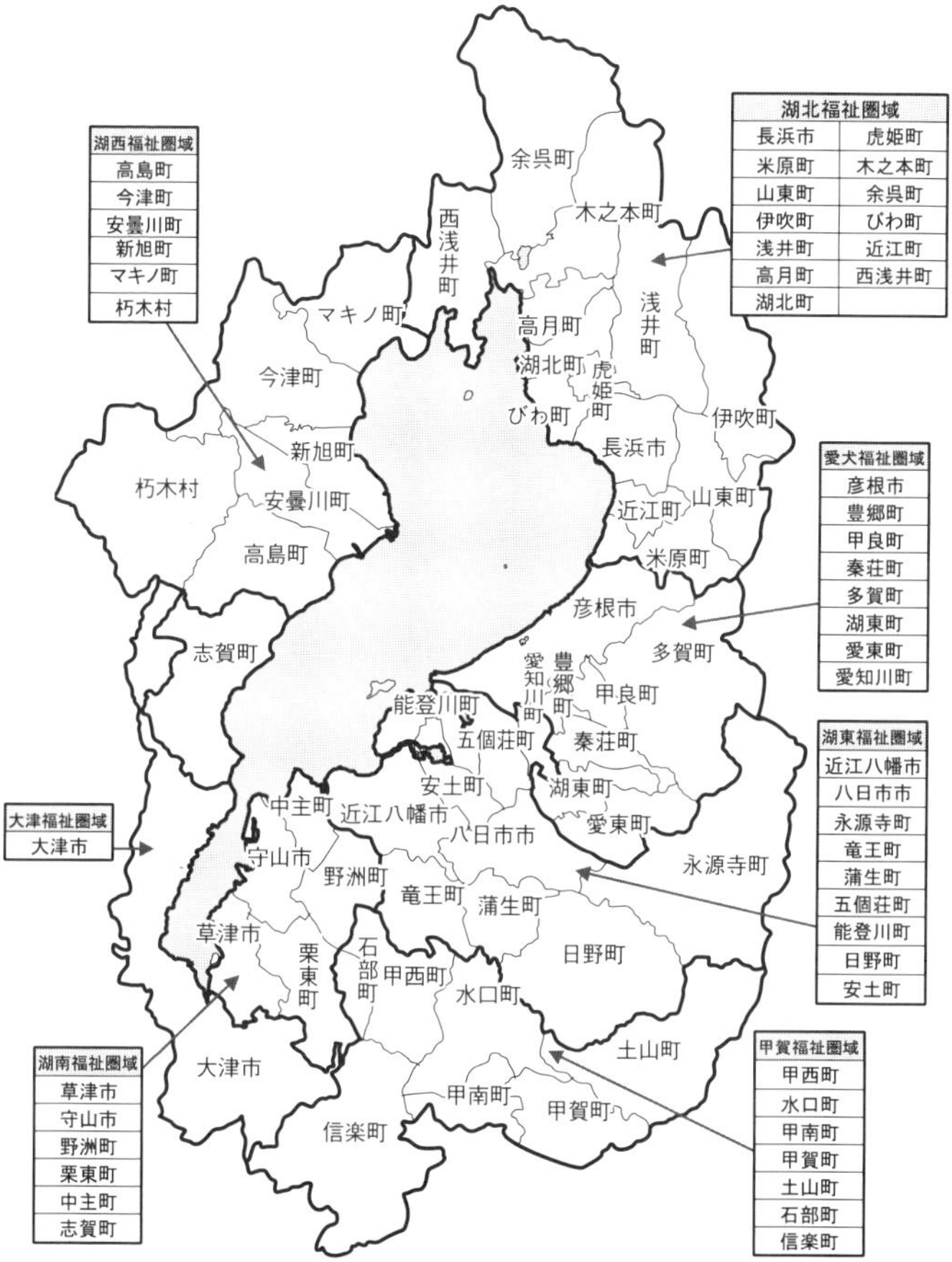
湖北福祉圏域
長浜市
虎姫町
米原町
木之本町
山東町
余呉町
伊吹町
びわ町
浅井町
近江町
高月町
西浅井町
湖北町
湖西福祉圏域
高島町
今津町
安曇川町
新旭町
マキノ町
朽木村
愛犬福祉圏域
彦根市
豊郷町
甲良町
秦荘町
多賀町
湖東町
愛東町
愛知川町
湖東福祉圏域
近江八幡市
八日市市
永源寺町
竜王町
蒲生町
五個荘町
能登川町
日野町
安土町
大津福祉圏域
大津市
湖南福祉圏域
草津市
守山市
野洲町
栗東町
中主町
志賀町
甲賀福祉圏域
甲西町
水口町
甲南町
甲賀町
土山町
石部町
信楽町
余呉町
西浅井町
木之本町
マキノ町
浅井町
高月町
今津町
湖北町
虎姫町
びわ町
伊吹町
新旭町
長浜市
朽木村
安曇川町
近江町
山東町
高島町
米原町
彦根市
志賀町
多賀町
愛知川町
豊郷町
甲良町
能登川町
五個荘町
秦荘町
安土町
湖東町
中主町
近江八幡市
愛東町
八日市市
守山市
永源寺町
野洲町
竜王町
蒲生町
草津市
栗東町
石部町
甲西町
日野町
水口町
土山町
大津市
甲南町
甲賀町
信楽町

福祉圏域図

この推進協議会が行う活動は、県(福祉)事務所を中心とする福祉圏の福祉需要の総合的な把握、圏域単位の通所施設の設置や入所施設の地域への機能提供および圏域単位の専門的な事業の実施についての方針の策定と調整などで、通所施設や専門的事業の実施主体は、一部事務組合や民営など実情に応じて決めていくこととしている。例えば、心身障害児の早期療育体制(通園事業)を福祉圏ごとに整備する。心身障害者の授産施設を福祉圏ごとに整備する。圏域内の重度障害者やねたきり老人の入所施設のショートステイの体制を必要に応じ福祉圏ごとに整備する。圏域内の在宅の高齢者や障害者に対する入所施設の機能の提供の体制を必要に応じ整備する。ねたきり老人や重度障害者の訪問看護指導事業を必要に応じ福祉圏ごとに整備するなどである。また、市町村福祉地域単位で行うべき事業の研究、連絡調整を行い、ホームヘルパーの派遣、入浴サービス、ふとん乾燥サービス、共同作業所の整備、老人社会奉仕活動の育成など市町村福祉地域で実施される事業の圏域全体のレベルアップを図る。さらに、市町村社会福祉協議会などが中心として行う民間福祉活動についての研究、連絡調整を進めるとしている。

また、特別養護老人ホームや知的障害者の更生施設については、入所者とその家族や近親者あるいは地域の知り合いとのつながりを維持されることを基本に、県下の東西南北の四ブロックを目安に整備するように努め、原則として、それぞれの地域の人びとがそれぞれの地域における施設に入所するように努める。という計画的整備を打ち出している。

このように福祉圏構想は、集落、自治会、町内会を単位とする「生活福祉地域」、市町村を単位とする「市町村福祉地域」そして、県下を県(福祉)事務所単位に区分した「福祉圏」と地域の広がりに応じて地域福祉を推進する上での役割分担やその機能を整理することによって、地域において支えられる福祉、地域福祉が明らかにされている。重度の障害児(者)やねたきり老人等に対する通所(通園)施設事業や在宅施設のサービスを体系的にバランスよく整備していくためには、施設やサービスを利用する対象者の数、医師、保健師、看護師、保育士、心理判定員などの専門的人材や財政の確保、財源の効率化などの観点から、どうしても一定の人口規模の地域の広がりが必要となる。当時、滋賀県内で障害児の母子通園事業が実施されていたのは、人口二二万人の大津市と、草津市、近江八幡市のみであった。それは、ある意味では、対象者数や専門的人材、財政の確保などの問題がクリアーされていたからできたことでもあった。滋賀県の町村は、その大部分が人口一万人前後の規模であった。大津市等を参考にすれば、人口密度や地域の立地との関連もあるが、人口一〇万人程度の規模が一福祉圏域に必要であるといわれていた。

昭和五六年当時の大津市および県(福祉)事務所ごとの人口は、「昭和五六年一〇月一日現在の滋賀県推計人口年報」で見ると、大津二二万九九人、湖南二一万八六三〇人、甲賀一〇万九九五四人、湖東一八万八〇八一人、愛犬一四万八二六六人、湖北一五万九五五五人、湖西五万九九九人という状況である。

各ブロックごとに人口規模の多少の差異はあるものの、人口密度や地域の広がりといった点からみても、また、利用者やその家族の生活により身近に通所できる範囲での事業（施設）といった点からも、最も適当な単位であり一定の市部を除いては、郡部あるいはそれを越えた広域的な市町村圏域というまとまりのもとで施策を推進することであった。

福祉圏は、このような考え方から設定されたものであるが、計画の中でも述べられているように、高齢者、障害者、子どもなどが地域社会において、ごく普通に生き生きとした生活をしていけるようにするためには、福祉圏域や市町村福祉地域といった中で「できる限り身近な地域で施設や保健、福祉サービスが整備されるとともに」生活福祉地域といった日常生活活動の場において「声をかけ合い、助け合い、ともに生きるといった連帯に支えられた地域社会をつくる」ことであり、そのソフトな機能として県民福祉活動推進会議の設置を提唱し、新たに幅広い県民の参加のもとで、無理のないかたちで少しでも日常生活活動の中に福祉とのかかわりを持つ機会を促進しようとしている。

ひとり暮らしの高齢者の安否を確認したり、話し相手となって高齢者の孤独を解消することや障害者がごく普通に地域のさまざまな催しや活動に参加するといったようなことは、行政サービスのみで充足されるものでなく、また、適切でない場合もある。むしろ地域住民の日常生活活動の中で行われてこそ高齢者や障害者が地域で安心して、心を通わせながら生活できるようになるものである。

以上のように、地域福祉を推進するため福祉圏構想が提唱されているが、当時、「滋賀県社会福祉計画」の策定や福祉圏事業推進の中心的役割を担った社会福祉課長辻哲夫は、「厚生福祉」（一九八一年五月一三日、時事通信社）で、地域福祉という概念を、次のように述べている。

地域福祉という言葉が行政の場で多用されるようになった背景として、俗にいわれる福祉の多様化、高度化といった事情もあろうが、私どもなりに考えることは一つには、従来の施設対策の反省という点が大きいのではないかということである。（中略）これからの社会福祉は、施設と在宅をトレードオフ関係でとらえるのではなく、①施設に入所しなくてもよい老人や障害者などが安易に入所することなく、地域において生き生きと生活できるよう、地域の理解の下で、身近に心身障害児母子通園事業や通所授産施設などが適切に整備されるとともに、家庭奉仕員制度といった定期的なサービスが地域に根づき、在宅訪問看護指導事業といった専門的なサービスが広くゆきわたるなどの在宅サービスが定着し、②必要に応じて施設に入所している間であっても入所者の家族や知り合いがひん繁に通い、継続的な人間関係が維持され、かつ、施設が地域社会の一員として理解されるようになり、③一定期間の療育などの施設におけるサービスが終了すれば再び家族のもとに帰れるように、地域の条件を整備していくといったように、家族や地域住民の理解と協力の下で、施設対策と在宅対策が一体となって進められていくことが大切だということであって、それが地域福祉の基本的な形をなすということではなかろうか。（中略）したがって、入所施設の適正な整備、通所施設（事業）や専門的な在宅サービスの整備などを行政が積極的に推進していくことが必要であるが、地域福祉を成り立たせていくためにどうしても欠かせないのが、社会福祉についての県民一人ひとりの理解と参加の問題である。（中略）

これまで「福祉」は、国や自治体の最重点施策の一つとして進められてきているが、福祉の質、あるいは心というものについて皆忘れがちではなかったのか。そこで計画では「地域福祉」の意義としては、老人や障害者あるいは児童などが地域社会において、ごく普通に生き生きとした生活をしていけるように、「できる限り身近に施設やサービスが整備されるとともに」「声をかけ合い、助け合い、ともに生きるといった連帯に支えられた地域社会をつくる」ことであり、そのための具体的な方策としては、次の三つの柱を立てている。

三つの柱とは、地域福祉推進の中で述べた「福祉意識の高揚と定着」「ボランティア活動の促進」「福祉圏構想」の三つである。

別表　福祉圏構想の概要

地域の名称	地域のひろがり	中心となる主体	活動・機能
生活福祉地域	通常、集落、部落、町内会、自治会と呼ばれるもの	地域住民、民生委員、市町村（学区、地区）社会福祉協議会などのリーダシップ	○個々の住民の立場を尊重しながら、地域における福祉の問題を具体的に把握し、その解決をはかるために、地域において何ができるかを話しあい行動する。 ○地域の日常生活活動の中における人と人のつながり 〈例〉・声をかけ、励ましあう。 ・身近な人びとどうしが助けあう ・子ども会などの行事をとおして、老人、障害者、児童を含めてふれあう ・ひとり暮らし老人などが病気になったとき、すぐ連絡できるような関係を維持する。
市町村福祉地域	市町村（場合によっては学区）の地域	市町村社会福祉協議会（地域住民の実施活動）	○ある程度専門性のある民間地域福祉活動 〈例〉・社会福祉施設と地域住民のかかわり方についての調査など ・障害者や老人にとって、まちの構造は住みよいものになっているかどうかの調査など ・ボランティアの育成、ひとり暮らし老人のつどいの提唱など人や集まりの育成 ・給食サービスなど地域住民の協力により行わ

			れることに意味のある諸サービス事業の助長指導 ・地域関係者や行政機関などのネットワークづくり ○一般的に地域住民の日常生活活動として期待し得ないようなサービスの提供 〈例〉・ねたきり老人介護教室の開催 ・家庭奉仕員の派遣 ・老人介護感謝券交付事業 ・身体障害者介護人派遣事業 ○生活福祉地域や市町村福祉地域における民間福祉活動との連携 〈例〉・市町村社会福祉協議会などの民間福祉活動を育成助長する ・家庭奉仕員の派遣などの諸サービスが生活福祉地域における福祉活動と連携するよう努める
福祉圏	県下七ブロック （大津 湖南 甲賀 湖東 愛犬 湖北	地域福祉推進協議会（原則として、県福祉事務所が事務局となり、メンバーは、各市町村、福祉事務所、児童相	○県福祉事務所（県事務所）を中心とする福祉圏の福祉需要の総合的な把握 ○圏域単位の通所施設の設置や入所施設の地域への機能提供および圏域単位の専門的な事業の実施についての方針の策定と調整 ただし、実施主体は、一部事務組合や民営など実情に応じて決めていく

	（湖西）	談所、保健所、雇用、教育関係機関、市町村社協、福祉施設、各種民間団体など）	〈例〉・心身障害者の早期療育体制（通園事業）を福祉圏ごとに整備促進する ・心身障害者の授産施設を福祉圏ごとに整備促進する ・圏域内の重度障害者や寝たきり老人の入所施設の一時保護の体制を必要に応じ福祉圏ごとにすすめる ・寝たきり老人や重度障害者の訪問看護指導事業を必要に応じ福祉圏ごとにすすめる ○市町村福祉地域単位で行うべき事業の研究、連絡調整 ○市町村社会福祉協議会などを中心として行う市町村福祉地域や生活福祉地域での民間福祉活動についての研究、連絡調整

※特別養護老人ホームや精神薄弱者の更生施設については、入所者とその家族や近親者あるいは地域の知り合いとのつながりが維持されることを基本に、県下を東西南北の四ブロックを目安に整備につとめ、原則としてそれぞれの地域の人びとがそれぞれの地域における施設に入所するようにつとめる。

福祉圏構想の推進

推進の担い手

計画では、福祉圏構想を推進するための行政や民間の活動を地域の広がりに応じて明らかにしているが、活動の中心を必ずしも行政のみには限っていない。「身近な地域（生活福祉地域）での活動は、声をかけ、励まし合う。人と人とのふれあいやつながりといった活動であり行政よりもむしろ民間や自治会、町内会といったインフォーマルな地域住民が主体となる活動である。福祉の分野からすれば市町村（学区、地区）社会福祉協議会や民生委員児童委員が中心となって進める活動が大きなウェートを占める。

市町村福祉地域では、ボランティア活動の育成や地域住民の手による給食サービスなど、ある程度専門性の求められる民間の地域福祉活動や行政によるホームヘルパーや介護人の派遣など一般的に地域住民の活動になじまない在宅福祉の活動である。主な活動の主体は、可能な限りより身近な地域ということを考えればサービス供給主体は市町村社会福祉協議会や市町村となる。

福祉圏域では、市町村単独では利用対象者数が少なく、また専門的人材の確保が困難な障害児（者）の通所事業（施設）などの整備である。展開が広域の市町村にまたがるため、各福祉圏ごとに県（福祉）事務所に設置される地域福祉推進協議会が中心となってコーディネイトを担うことになる。

モデル福祉圏の指定

一九八一（昭和五六）年度に入ると県下七ブロックの福祉圏の内、二ブロックをモデル福祉圏に指定し、福祉圏構想を具体化し、地域福祉を育成強化するため一圏域三〇〇万円の県費助成によるモデル福祉圏事業をスタートさせた。

モデル福祉圏事業の中でも母子通園事業の大津モデルを全圏域に展開させるため、心身障害児の母子通園事業（予算上の事業名は、福祉圏地域療育事業となっている）は、必須《ひっす》のメニュー事業にされた。モデルで必須メニュー事業とされた背景には、当時、乳幼児健診が充実するとともに障害の早期発見が行われるようになり、健診後の地域での行政のフォロー体制が緊急の課題であったこともあるが、あわせて、専門的なマンパワーの確保や財政的な問題、さらには、市町村の理解や圏域全体のまとまりなどを考えると県下一斉に同時に展開することは困難であった。

また、この母子通園事業は、市町村における保健、福祉関係担当者や福祉事務所、保健所、児童相談所、保育所など幅広い関係機関の連携と協力が不可欠であった。

したがって、県下一斉に母子通園事業をスタートさせるより、どこかの地域（圏域）でモデル的に実施しその成果を点検、評価しながら計画的に全県下に定着、整備していくことが適切であると判断された。

昭和五六年度の最初のモデル福祉圏事業に指定されたのは、湖東ブロック（八日市《ようかいち》県事務所管内）と湖西ブロック（今津《いまづ》県事務所管内）である。指定の理由は、湖東ブロックは、二市七町が従来から消防など、さまざまな事業を取り組んできており、理解が得られやすい地域であったこと。また、湖西ブロックは、高島郡一郡六町村として、湖東ブロックと同様にまとまりがあり、理解が得られやすいことと、福祉事務所と保健所の連係が密接であったことがモデル福祉圏事業の指定の理由となった。

福祉圏地域療育事業について

滋賀県における障害児に対する地域療育事業は県レベルでは、一九七一（昭和四六）年に近江八幡市の八幡保健所が母子保健活動を通して発見された精神面に障害のある幼児に対して行う事後指導と中央児童相談所における三歳児健康診査後の事後指導として事業がスタートしている。そして、市町村や保健所における乳幼児健康診査が充実、整備され障害のある乳幼児が早期に発見されるにともない、各保健所や市町村での母子に対する集団指導等の取り組みが進められてきた。

また、大津では、一九六三（昭和三八）年から医師、保健師、発達相談員らによる乳児健診が行われてきており、それが一九七四（昭和四九）年から母親教室につながるなど、早くから障害児の早期発見、早期療育の体制が独自に図られてきており、一九七七（昭和五二）年四月には国庫補助事業として、心身障害児通園事業「やまびこ教室」が実施されていた。一九七八（昭和五三）年六月に近江八幡市で「ひかり教室」が、同年九月に草津市で「湖《う み》の子《こ》教室」がそれぞれ開設されたが、それ以外の市町村では、わずかに栗東《りっとう》町（現、栗東市）で町単独事業として障害児の親子教室が開設されていたにすぎなかった。障害児とその親を地域で受け止めていくための母子通園事業の整備は、当時、各市町村にとっても施策の優先度の高い、喫緊《きっきん》の課題であった。

一九八三（昭和五八）年四月にスタートした福祉圏地域療育事業は、県単独の補助事業で取り組み、おおむね三年間を目処に大津市や近江八幡市、草津市と同じように国の補助事業に移行し、事業の標準化を図っていこうとするものであった。当時のモデル福祉圏事業の資料には、次のような記載がある。

福祉圏地域療育事業について

福祉圏ごとに、昭和六〇年次を目標にブロック化による実施を県単独の補助制度により計画的に進め、県下全域がカバーされるとともに、一定期間（おおむね三年）経過後、国の補助制度へ移行し、標準化された事業の実施を目指す。

○県単独の補助制度により実施し、国の制度へ移行するブロック

五八年度	高島郡、八日市保健所管内（一市五町）
五九年度	愛知犬上郡、甲賀郡
六〇年度	伊香郡

○六〇年度までに市（国の補助制度で実施中）と共同して実施できるよう調整を進めるブロック

大津市	志賀町
長浜市	坂田郡、東浅井郡
近江八幡市	安土町、竜王町
草津市	栗東町
守山市	中主町、野洲町

また、県は、モデル福祉圏事業推進費補助金として、「県下七ブロックのうち二ブロックを指定し、福祉圏構想を具体化し地域福祉を育成強化するための経費に対して助成する」とし、補助対象基準額は三〇〇〇万円で、その二分の一を県が負担し、残り二分の一を関係市町村が負担するとしている。

モデル福祉圏事業の取り組みの概要

①昭和五六年度指定

（湖東ブロック）

湖東地方推進協議会の設置

構成メンバー　市町（二市七町）福祉保健担当者、市町社会福祉協議会関係者、県社会福祉協議会、民生委員、保健所、児童相談所、県（福祉）事務所、県本庁

事業概要

一、早期療育体制の整備（障害福祉部会の設置）

八日市保健所管内一市五町による母子通所事業（めだかの学校）の実施（五八年四月）

二、在宅老人対策の整備（地域福祉部会の設置）

○ねたきり老人や痴呆性老人など在宅要援護老人の地域ケアについての研究調整

○入浴サービスの取り組みを通して、実態把握、問題点の整理

○社会福祉協議会、ホームヘルパー、保健婦による訪問指導の実施

○「老人処遇検討会議」の設置についての検討

三、圏域内の福祉に対する理解と関心を高めるため広報啓発活動の研究、推進

二市七町全域を対象とした広報誌『ふくし湖東』の発行

（湖西ブロック）

湖西ブロック地域福祉推進協議会の設置

構成メンバー

町村（六町村）福祉保健担当者、町村社会福祉協議会関係者、県社会福祉協議会、民生委員、保育園担当者、郡町村会担当者、保健所、福祉事務所、県本庁、児童相談所、障害児親の会

事業概要

一、早期療育体制の整備（心身障害児問題プロジェクトの設置）

保健所が実施している母子通所事業（カンガルー教室）を高島郡の六町村の共同事業（実施主体、湖西地域広域市町村圏事務組合）として母子通所事業を実施（昭和五八年八月）と障害児処遇検討会議の設置、障害児保育所保母の研修会の開催

高島市カンガルー教室（2007年現在）

同プレイルーム

二、在宅老人対策の推進（老人問題プロジェクトの設置）
○ねたきり老人訪問看護システム開発事業の実施
○管内ねたきり老人実態調査の実施
○潜在看護婦発掘作業の実施、入浴事業の実施、ホームヘルパー派遣事業の見直し検討
○ねたきりにさせないシステム開発事業の実施
○脳卒中患者の早期把握
○脳卒中患者をねたきりにさせない早期対応の実施
○問題老人の発見から総合的な援助指導方針を決定する「老人処遇検討会議」の設置
三、共同作業所の整備（共同作業所プロジェクトの設置）
○障害児の就学後の対応としての就労の場の確保
四、民間福祉活動の推進（民間福祉部会の設置）
○障害児(者)や老人とのふれあいのためのカーニバル実行委員会の設置
○小地域福祉委員会の設置による住民への福祉啓発や社会福祉協議会機能の強化
○福祉地図作成委員会の設置による郡内の福祉の需要と供給を示した地図の作成

②昭和五七年度指定
（甲賀ブロック）

ふれあい甲賀をみんなで進める会の設置

構成メンバー　町（七町）福祉保健担当者、町社会福祉協議会関係者、町民生委員、福祉施設関係者、福祉団体関係者、保健所、県事務所、県本庁、児童相談所、学校関係者、青少年関係団体、社会教育関係者、警察署

事業概要

一、早期療育体制の整備（ふれあい部会の設置）

○圏域内で実施されている母子通所事業（水口《みなくち》町、甲南町、信楽町、水口保健所、近江学園）の調整、研究、圏域内七町（甲賀郡）の共同実施

○圏域内の福祉意識の高揚を図るための啓発活動等の研究、実施

○啓発ビデオ『甲賀の福祉』の作成

○心身障害児療育キャンプの実施

○甲賀ふれあいフェスティバルの開催

○ボランティアの発掘

二、老人対策の整備（いきがい部会の設置）

○老人の生きがい対策の研究

○ねたきり老人等に対する訪問看護や入浴サービスの研究調整

三、児童健全育成対策の整備（いくせい部会の設置）
○児童の健全育成のための早期対応システム、問題行動のある青少年への対応のシステムの整備のための研究、試行
特に、いくせい部会では、圏域内の教護施設や児童相談所、保育所、警察署、学校、社会教育関係団体、青少年関係団体等との参加による取り組みを実施

（愛犬ブロック）
彦根、愛犬地域福祉推進協議会の設置
構成メンバー　市町村福祉保健担当者、市町社会福祉協議会関係者、県社会福祉協議会、民生委員、県事務所、県本庁、保健所、児童相談所

事業概要
一、早期療育体制の整備（障害児者福祉部会の設置）
○愛知郡（四町）、犬上郡（三町）の共同による母子通所事業の研究、調整
二、痴呆老人対策の整備（老人福祉部会の設置）
○在宅老人のケアとして、訪問看護や介護、デイ・ケアの整備の研究調整
三、福祉啓発活動の推進（福祉啓発部会の設置）

○心身障害者療育キャンプの実施
○ボランティアの育成のためのボランティアスクールの開設

③　昭和五八年度指定
（湖南ブロック）
湖南地域福祉推進協議会の設置
構成メンバー　市町福祉保健担当者、市町社会福祉協議会関係者、県社会福祉協議会、市町民生委員、保健所、県事務所、県本庁、児童相談所
事業概要
一、早期療育体制の整備（障害福祉部会の設置）
○既に国の補助事業により実施している市部（草津市、守山市）と栗太郡（一町）、野洲郡（二町）、滋賀郡（一町）との共同実施のための研究調整
二、在宅老人要援護対策の整備（老人福祉部会の設置）
○高島郡（湖西ブロック）で実施された「ねたきり老人訪問看護システム開発事業」の研究調整をもとに、ねたきり老人の介護ケアや入浴サービス、痴呆老人のデイ・ケアなどの対応の仕組みの整備と「老人処遇検討会議」の設置
三、福祉教育対策の調査、研究、実施（地域福祉啓発部会の設置）

○地域の福祉意識を高めるための研究協議とそれぞれの地域での具体的実施
○施設体験研修の実施（市町職員、市町社会福祉協議会職員、福祉事務所職員、民生委員）
○わたぼうしコンサートや障害児（者）の集い等の企画、実施
○三歳児の養育者に対する意識調査

（湖北ブロック）
湖北地域福祉推進協議会の設置
構成メンバー　市町福祉保健担当者、市町社会福祉協議会関係者、県社会福祉協議会、児童相談所、保健所、県事務所、県本庁

事業概要
一、早期療育体制の整備（障害福祉部会の設置）
○圏域内のブロックの調整
伊香《いか》郡――木之本《きのもと》保健所で実施されている母子通所事業を四町の共同事業として研究調整
東浅井《ひがしあざい》郡――四町の共同で実施しているものを長浜市（国の補助事業により実施）

と統合

坂田郡――四町で共同実施し、長浜市と統合する方向で研究、調整

二、すこやかな老後推進事業の研究調査（老人福祉部会の設置）

圏域内の在宅老人に対する福祉、保健サービスの統合化の研究調整。豊かな高齢期を送るための老人福祉推進の担い手として、自主的な活動を積極的に展開することのできる人材の育成

三、ボランティアネットワーク事業の実施（ボランティア部会の設置）

○ボランティアリーダーの育成と地域ボランティア活動のネットワーク化の推進

以上がモデル福祉圏事業の取り組みの概要である。

一九八一（昭和五六）年度から各福祉圏で順次モデル福祉圏事業が実施されてきたが、この事業の考え方について次の三点を整理しておきたい。

①地域住民の社会福祉への理解

高齢者、障害者、子どもなどが地域でごく普通に生きいきと生活するということは、地域住

民と日常生活活動の中でふれあい、支えあい、励まし合うということであり、地域住民の誰もが福祉を理解することが不可欠の基盤となる。

そこで、県段階では、計画でも提唱されているように、一九八二（昭和五七）年三月に「県民福祉推進会議」が大津市の滋賀会館で開催された。会議には、福祉関係者をはじめ学校関係者、社会教育関係者、企業関係者など幅広く県民を代表する人々が多数参加し、日常生活活動の中で無理のないかたちで少しでも福祉とのかかわり合いを継続して、それぞれの立場で実践してもらおうと、さまざまな活動事例を紹介する「県民福祉活動推進指針」を作成し、提唱した。

また、各圏域では、地域福祉推進協議会の中に民間福祉部会等を設置し、社会福祉協議会や民生委員、児童委員が中心となって、障害者や高齢者とのふれあいを通して福祉への理解を深めるさまざまな取り組みが行われた。

それは、社会福祉を理解することが地域福祉を進める上での地域住民の役割であり、また理解とは、お互いが相手の立場に立って考えることであり、あたり前の目で、ともにふれあい、支えあいながら生活できるということであると考えられたからである。

したがって、パンフレットや福祉読本の配布、あるいは講演会の開催などの取り組みとあわせて、各圏域では先に紹介した心身障害者のカーニバルや療育キャンプの実施など障害者や高齢者と直接接触する機会をもつことによって、相手を知り、理解するという福祉の実践教育が行われた。「県民活動推進指針」は、「県民がそれぞれの立場で学び、働き、社会活動を行う活動母体（組織）を介して、広く日常活動の中に福祉の視点（要素）を加味していくことによりその推進を図る」として、日常生活活動の中で少しでも無理のない形で福祉とかかわりあい（接触）をくり返すといった事例が二十数例紹介されている。

このような考え方のもとに、各地域（自治会や町内会）単位や市町村単位で、福祉意識を高めるための福祉実践教育が実施され、福祉への理解の輪を広げていった。

②早期療育体制の整備について

この事業については、先にも触れたように大津市における全国的にも有名な先駆的な取り組みがあった。

大津市においては、一九七四（昭和四九）年に乳幼児から就学前までを一貫してフォローアップする「障害乳幼児対策大津方式」が確立し、その中で乳幼児の健康診査の一〇〇パーセントのチェックを行い、障害乳幼児への対応もれをなくし、療育体制の整備、充実を図るため、一九七七（昭和五二）年四月に心身障害児通園事業「やまびこ教室」が開設され、本格的な母子通園事業が始まっている。その後一九七八（昭和五三）年六月に近江八幡市で「ひかり教室」が、同年九月に草津市で「湖の子教室」がそれぞれ開設された。各福祉圏での早期療育体制の整備の取り組みは、こうした先進的な市部の取り組みを直接、参考にして全県に整備し、全ての障害児を早期に発見し、早期に療育しようとするものであった。

しかし、圏域で実施することで、通所する利用者の数や財源の問題が一定確保できるとしても療育体制のシステムを支えるマンパワーの確保が大きな課題であった。医師や保健師、保育士、発達相談員等の専門的人材をどのように確保していくのかということであった。さらに、障害児への理解というソフト面での課題もあった。大津市などの場合には、保護者（特に母親）に障害というものの考え方、理解をきっちりと受けとめてもらいながら母子通所や障害児保育が取り組まれ保育所や幼稚園の保護者も障害児に対する理解が広がっていたが、こうした障害者に対する理解は全県的にはまだまだ定着していなかった。

さらには、市町村行政の障害に対する理解の問題があった。県と市町村の社会福祉行政の役割分担から考えると通所事業は、制度的にも市町村が主体であり、地域で通園事業を取り組んでいくためには、利用者のより身近な行政主体である市町村が中心となって取り組まなければ、理解は広がらないし、さまざまな取り組みも定着しないという考えであった。障害をもつ子どもの親の緊張感を地域が受け止め、親や周囲がスムーズに障害を受容していくといったところから始めないと、障害への理解の問題は、将来にわたっても地域の問題という理解ができないのではないかという考えである。

親の緊張感をそれぞれの地域で市町村や福祉、保健、医療関係者が地域の理解の中できっちりと受け止め、障害児保育や義務教育（特別支援学校）へとつないでいく。そして、学校卒業後も、また、市町村や企業関係者が地域で働く場、就労の場も確保していくという意識が自然に定着することが大切である。そのような考えで、福祉圏における早期療育体制の整備は、ともかく親の緊張感を受け止め、障害を理解し子どもへの適切な対応をすることで二次障害を防ぐという社会的な側面を重視した取り組みから出発するという考えであった。

大津市が実施していた健診内容の独自なチェックやボイタ法（ドイツの小児神経学者ボイタが開発した、脳性麻痺児に対する早期診断・治療法）の採用など大津方式に学ぶところは多かった。大津市のようなすべての障害児の早期発見、早期療育が本来の施策であるが、「行政的にはセカンドベストという考え方、一〇〇点満点でなくても五〇点からのスタートでよい。そして、常に一〇〇点に近づこうとする研鑽と努力が必要である」というのが社会福祉課長辻哲夫の口癖《くちぐせ》であった。

③福祉事務所機能の見直しと充実

県（福祉）事務所における当時の業務は、大きく分けて福祉六法の現業業務（生活保護法、老人福祉法、児童福祉法、身体障害者福祉法、知的障害者福祉法、母子及び寡婦福祉法）と一般行政事務、福祉関係団体の指導業務であった。中でも現業業務は、生活保護法の現業業務が大きなウェイトを占め、残りの五法現業は、担当する職員の充足率も低く十分な対応はなされていなかった。

「従来の現業活動は、実態の把握およびその対応において充分な活動がなされていなかった。相談や身体障害者手帳、療育手帳の交付申請があって、始めて対象者を把握していた。その対応は、緊急を要するもののみにかぎられていた。」（『滋賀県社会福祉学会口演集』から）

障害者の現業業務で福祉事務所が重度の障害児(者)から、「障害児の子育てや専門的指導をして欲しい」あるいは、「養護学校（特別支援学校）卒業後行くところがないので困っている」といった相談を受けても緊急を要する場合、入所施設に措置する以外に対応がないのが実情であった。

限られた数の職員数で障害者のさまざまな相談やニーズに応えられるような現業活動を行うことには限界があり、また、現業員が指導や調整を行う前提となる地域で障害児(者)を受け止める体制が十分に整っていなかったこともある。

障害児(者)やその家族が望んでいることは、親の悩みや不安を受け止め、きちっと療育への指導をしてくれることであり、特別支援学校（養護学校）卒業後は、作業所や企業で、就労することであり、そのような福祉サービスや施設、就労の場などの基盤を身近な地域で整備することが先決であった。

しかし当時、そのような実態を的確に把握し、市町村や地域住民の理解を得ながら地域における基盤整備を進める福祉事務所の専門的人材は一部の職員に限定されており、その後の人事と研修システムの整備を待たなければならなかった。

ただ、湖西福祉事務所の報告では、「今後現業活動の充実に取り組む場合、単に福祉事務所における援護指導に限定するのではなく、関係機関との連携によって実現していく必要がある。このことからモデル福祉圏事業の取り組みの中で『処遇検討のシステム化』を推進してきた。『処遇検討のシステム化』を実施するにあたっては、地域福祉、総合福祉を基本的な考え方とし、発見の部門と連携協力、および対応における関係機関相互の連携協力によって対象者に的確な援護指導を行うシステムを確立した。各町村に処遇検討会議を設置し、発見の通報、情報交換および処遇方針の検討を行う場とした」と報告し、福祉事務所単独による現業活動ではなく、処遇検討会議を設置し、関係機関相互の連携による地域福祉、総合福祉による現業活動の充実を提唱した。

このことから、今後、福祉事務所の五法現業業務は、単に対人サービスの充実にとどまらず、保健所と連携しながら市町村等への行政指導面での充実、強化が図られることとなる。

辻哲夫による「厚生福祉」昭和五八年五月一一日――地域福祉の戦略――で、「この福祉圏構想を具体化することは、それほど簡単ではなく、圏域ごとの各市町村の理解やまとまりを形成していくための我慢強い話し合いや、研修調査あるいは地域の実態は握の手法など一定の戦略を要するか、ここで特に強調しなければならないのは、この圏域構想は具体的な事業実践を通じる市町村関係者の恒久的な研修システムでもあるのであり、これを支える福祉事務所と保健所の連携とそれらの企画調整能力が成否のカギとなるということである」と述べられている。

当時、各市町村の社会福祉は、特に障害や老人福祉の分野でそれぞれの地域の特性に沿った独自のユニークな施策やサービスを実施し一定の評価を受けはじめた時期でもあった。各市町村が共同して施策を考え、実施するということは、およそ考えられないことであり、各圏域の市町村のまとまりを形成し福祉施策を実施することは、並大抵のことではなかった。何回も何回も推進協議会で議論し、実態把握の調査や研修を積み重ねていかなければならなかった。市町村をはじめとする関係者の理解を得ることに、一定の戦略が必要であった。特に、障害福祉施設での宿泊研修では、入所者とのふれあいや交流を通じて、言葉では言いつくせない理解が深まったり、施設職員と市町村職員の交流が深まったりもした。そこには、福祉事務所や保健所、さらには県本庁職員の我慢強い努力と行政指導を行う力量がつねに求められた。福祉事務所における五法現業といわれる現業業務を明らかにし、効果的なものとするうえからも、市町村における、社会福祉システムの基盤整備の指導調整を行う人材の確保、育成は一つの大きな課題であった。

この経験は、後の滋賀県における社会福祉研修体系の整備へとつながっていくことになる。

◯モデル福祉圏事業の評価と課題

一九八一（昭和五六）年度から県下七ブロックで順次それぞれ圏域での優先度の高い問題について調査、研究、モデル実施といった取り組みが行われてきた。その主な事業の評価について県が整理した内容を要約して紹介したい。

事業全般を通しては、
○県(福祉)事務所と保健所が共同作業（市町村が行うべき事業の企画、調整、地域福祉推進協議会への指導調整、関係者の研修等）を行うことによって、相互の情報交換が深まり、高齢者や障害者の実態把握がより的確になり問題点のすり合わせによる具体的な整理がすんだ。
○ケースワーカーや保健師などの現業担当者に保健施策や福祉施策を活用する眼が生じ、総合的な対応が考えられるようになるとともに、福祉と保健、医療の連携による具体的方策が明らかになった。
○県(福祉)事務所における五法現業、保健所における保健指導等、市町村に対する地域福祉活動の機能が明らかになってきた。
○市町村段階において、地域福祉推進協議会での調査、研究、事業実施を通して市町村職員等の福祉への理解や知識、熱意が高まるなどレベルアップが図られた。
また、市町村と福祉保健関係団体との福祉、保健問題に対する共通の認識が生まれた。

心身障害児の早期療育体制の整備事業を通しては、
○障害者問題に対する関係者の共通の理解が深まり、マンパワーの確保や行政効率の問題から市町村の共同事業として取り組みが行われるようになった。

○健診事業にかかわる保健師と母子通所事業や障害児保育、養護学校などのスタッフとの合同協議を通して、保健、福祉、教育関係者の連携と一貫した処遇が可能となった。

在宅高齢者の訪問事業を通しては、
○福祉、保健、医療関係者による調査、研究などの共同作業を通して、連携と問題の共通認識が深まり、「老人処遇検討会議」の設置など総合的な対応が促進した。
○ねたきり老人の通報に民生委員や病院など民間関係者の協力を得ることによって対象者の発見もれがなくなった。
○ボランティアの発掘と養成を行うことによって、訪問看護事業等の在宅ケアへのボランティアの活用の見通しができた。
○訪問による実態調査を通して高齢者の生活実態やニーズが的確に把握できた。また、調査にあたった民生委員や社会福祉協議会関係者の認識が深まった。
○保健師や看護師など保健医療関係者の在宅訪問にホームヘルパーなどが同行訪問することにより、福祉施策の活用が促進された。

民間福祉活動を通しては、
○社会福祉協議会を中心とする民間福祉団体が実施した障害者とふれあいを深めるような各

種イベントを通して、地域住民の福祉への理解と関心が高まり福祉の輪が広がった。
○社会福祉協議会職員のレベルアップと福祉関係団体の連携が深まるなど福祉の組織化が促進された。
その他の事業について、それぞれの福祉圏域で地域の優先度の高い事業が取り組まれたが、中でも児童の問題については、甲賀ブロックを中心に取り組まれたが、評価を得るまでには至らなかった。

児童の健全育成対策では、問題行動をもつ児童は、その児童の乳幼児期の対応に問題があり、それぞれの年齢の発達の段階ごとに十分な発達をしないまま、次の段階へ成長しているケースの場合、青年期の自立の時期に適切な社会適応ができないため不登校や暴力行為に及ぶという仮説のもとに乳幼児期の早期対応の取り組みが展開された。具体的には、乳幼児のしつけに関する母親教育、リーフレットの作成など啓発活動、相談事業など、保健サイドと連携し、女性民生委員、児童委員を中心に実施されたが、一定の期間を要するため実際の成果をみるには至らなかった。

また、問題行動をもつ児童生徒への対応としては、児童相談所や福祉施設、教育関係者との連携による地域での対応の具体的な方策について検討が重ねられたが、実際の取り組みにはつながらなかった。

最後に、今後の方向として次のように整理している。

福祉圏構想は、高齢者、障害者、子どもなどが家族や地域の人々に支えられながら生き生きと生活できるシステムを地域の広がりに応じて整備していくという地域福祉の活動であり、障害児の早期療育体制の整備や在宅老人訪問看護事業などの取り組みに一定の成果がみられたが、それは保健医療サイドの協力と連携が行われたことが最も大きな要因である。

地域福祉活動には、地域の福祉への理解と協力や活動を担う人材の養成が不可欠であるが、ねたきり老人や障害者にとって、在宅での生活は、介護や看護、リハビリ、医療、食事、入浴、排便等日常生活のあらゆる分野にわたって家族や周囲の支えが不可欠である。

そして、本人自身や周囲のニーズに応え、家族等の負担を軽減することは、福祉の分野のみでは困難である。適切な医療の提供と保健サイドの協力、連携による必要な福祉の活動が行われなければならないことが、いくつかの取り組みを通して行政や福祉関係者に認識され、また、そのための具体的な連携方策が明らかにされてきている。

このため、今後の地域福祉活動は、高齢者や障害者が家族や周囲の人々とのふれあいや支えあいの中で障害を未然に防止、軽減したり、脳卒中などの疾病により寝たきりの状態になった場合、定期的な医療サービスの下で家族等による介護が長期にわたって継続して行われるような保健、福祉の援助システムを福祉、保健、医療がいったいとなってより身近に整備することである。

こうした観点から、福祉、保健、医療の総合的な圏域構想を整備すると、集落や町内会といった小地域においては、高齢者や障害者が地域から孤立しないようお互いに声をかけ合い、支えあうといったつながりの中で社会性が保たれ、福祉への理解といった土壌が培われることであり、市町村域においては、福祉、保健、医療のニーズがつねに的確に把握され、疾病や障害の発生等を未然に防止したり、早期に発見し適切な治療や社会復帰訓練が行われたり、寝たきり等で自分の身のまわりのことができなくなった場合には、本人や家族に対し介護等の必要な生活援助が行われるなど高齢者や障害者等とその家族に必要な保健、福祉のサービスや治療、リハビリテーションなどが総合的に行われるシステムが整っていることである。

さらに、市町村域を越えた圏域においては、県(福祉)事務所と保健所が連携して市町村や福祉関係機関(団体)を指導調整したり、市町村が中心となって行う在宅福祉対策など地域福祉推進のための調査、研究、企画調整についての指導を行うとともに、市町村では対応しきれないある程度専門性を必要とする問題への対応や関係者の養成、研修が体系的に行われるシステムが整備されていることである。

県においては、「湖国二一世紀ビジョン」や「障害者対策長期構想」といった県全体の基本計画の考え方のもとに福祉の総合的企画調整や県(福祉)事務所、保健所、市町村への指導調整などの支援体制が整備されるとともに、専門分野の人材の養成、研修と交流が行われることと併せてケースの専門的な対応のための高次の機能をもつ専門的施設の整備が行われることである。

こうした福祉、保健、医療にまたがる総合的な圏域構想を推進していくためには、県本庁や県(福祉)事務所、保健所等の業務等の組織的な見直しや専門的な人材の養成と県民の福祉への理解を高めるための積極的な土壌づくり、さらには、それぞれの地域で具体的なサービスを実施していく社会福祉協議会や福祉関係団体など民間活力の育成が不可欠の要素となる。

県は以上のようにモデル福祉圏事業の取り組みをまとめ、今後の方向を整理した。

しかし、この事業の取り組みを通して今後に向けての課題もいくつか現れていた。高齢者や障害者などが地域で安心して生活するためには、生活により身近なところで福祉保健サービスが整備され、それを支えるシステムと人材があることであるがこうした地域福祉を推進するためには、県本庁や県(福祉)事務所、保健所における市町村や関係機関、団体、施設への指導調整やコーディネイト機能が不可欠であった。

したがって、当時の課題は、

(ア) こうした機能を担う人材の養成であり、そのための一貫した内容の研修体制について社会福祉施設や社会福祉協議会等の民間関係者も含めた総合的な体系を整備する必要があった。

(イ) 県(福祉)事務所における現業業務 (特に五法現業業務) の分析と整理を行い、県(福祉)事務所機能の見直しを行うことであった。当時の現業活動は、担当職員の充足率も低く、高齢者や障害者の実態把握やその対応もほとんど実施されていなかった。地域においても必要な福祉サービスや事業が整備されておらず、緊急の場合は、入所施設への措置とならざるを得なかったのである。地域における社会福祉の諸サービスや事業とそのシステムの基盤整備が進められてこそ、高齢者や障害者を地域で受け止める専門的な現業活動が明らかになってくるといわれた。

（ウ）人事異動の課題もあった。県本庁や県（福祉）事務所の福祉担当者や市町村の職員は、そのほとんどが一般の行政職員であり、二〜三年のサイクルで担当部署の人事異動が行われる。福祉への理解が深まり、一定の専門的な力量が備わり、関係者とのつながりが持てた頃に異動となる。年々そのくり返しによって事業の一貫した考えのもとで継続していくことが困難になったり、事業推進が鈍化する場合もあった。

あわせて、市町村がモデル実施した事業を県が継続して、一定の指導、助成を行っていかないと市町村のみでは、事業の安定的な実施と定着化は困難であった。

（エ）市町村域を越えて広域で事業を実施していく場合の実施主体をどうするかという課題もあった。モデル福祉圏事業の母子通園事業などをみても行政事務組合への委託や圏域市町が協議会を設置し、代表市町が幹事役として委任を受けるといった方法など、地域の実情に沿ってさまざまな方法がとられていた。事業の安定化、定着化を図り、事業自体のレベルアップを進める上からもきっちりとした実施主体が必要であった。具体的には、社会福祉法人や公社、行政事務組合の設立や事業委託という形が考えられた。ただし、行政事務組合は、広域の行政組織であり専門的な人材の養成、確保や財源面での制約等によりややもすると事業が硬直化する場面もみられた。むしろ、施設を設置運営する社会福祉法人の方が専門的な知識、技術を持ち、豊富な人材を有しており、市町村行政と一体となってその機能を地域に展開していくことが最適のように考えられた。

（オ）これまでの福祉圏構想に基づくモデル福祉圏事業の取り組みから福祉と保健医療の一体化が必然的なものとなった。すなわち、福祉や予防、治療さらにはリハビリテーションなどについて、総合的、一体的な提供システムが必要であることが明らかになった。

のちに県は、「福祉保健医療圏構想策定委員会」を設置しその検討を行っている。

当時、県の保健医療サイドでは、従来から滋賀県地域保健医療計画に基づき保健医療圏構想が設定され、第一次圏域（日常的な保健医療サービスを充足する地域、市町村域）、第二次圏域（特殊な専門科以外の入院サービスのニーズを充足する地域・保健所あるいは二保健所区域）、第三次圏域（特殊な専門的諸サービスのニーズを充足する地域・県全域）の三段階に地域レベルを設定し、それぞれのエリアにふさわしいサービスの展開を図ってきていた。

福祉保健医療圏構想においても、策定委員会では「基本的に福祉圏と保健医療圏構想を継承し、人口一〇万人程度規模（県事務所または保健所ブロック）ごとに地域特性やニーズの動向をふまえた効果的、効率的なサービス供給体制の整備を図るとともに、福祉保健医療の各分野の社会資源を有効に活用し、それぞれの機能や役割分担を明らかにした上で、有機的に連携していく必要がある」と述べている。

福祉圏域や第二次圏域までのエリアで通園施設（事業）や在宅保健福祉サービスが整備され、地域でのさまざまな福祉、保健にかかる需要が整理されれば、県全域での高次の専門機能の整備が自ずと必要となると考えられていた。障害児の早期療育体制の整備においても、地域の母子通園事業のみでなく、専門的な外科的治療や精神神経科の診断治療が必要であり、さらには、事業にかかわるスタッフの研修機能も必要であった。

当時、高次の専門機能の検討課題として、高齢者や障害者に対するリハビリセンターや身体障害者の総合センター、小児保健医療センター、精神衛生総合センター等が福祉保健医療圏構想での検討課題とされていた。

参考・引用した文献

滋賀県社会福祉学会実行委員会、滋賀県社会福祉協議会、滋賀県『滋賀県社会福祉学会口演集』（一九八四年）

滋賀県社会福祉学会の開設

(一) 滋賀県社会福祉学会の開設に至る経過

モデル福祉圏事業がスタートした翌年度の一九八三(昭和五八)年二月に第一回の社会福祉学会が開催された。

社会福祉の分野は、老人福祉や障害福祉、児童福祉といったように、各利用対象者ごとに分科が進み、さらに、保健医療、教育、就労等関係分野との連携が叫ばれながらも総合的な社会福祉の推進は、当時の大きな課題であった。

また、各福祉圏域における具体的な事業の取り組みを通して社会福祉の各分野の相互の連携と保健医療や教育など関連分野の連携を通して取り組みの総合化を図ることでもあった。

社会福祉および関連する分野を含めた福祉を総合的に展開していくためには、日常から幅広い関係者のまとまりと自主的な研鑽が必要であるという認識のもとに開催の取り組みが行われた。

このきっかけは、滋賀県在職三年を終わろうとしていた辻哲夫が上司である厚生部長鎌田昭二郎から「辻君、もう一つやり残した仕事がある。社会福祉学会というべきものをつくったらどうだ」と指示を受けたことである。

早速、辻は関係者と調整し、立ち上げに奔走する。「社会福祉学会という名前をつけて、皆で、これからの福祉の本当にあるべき姿を議論しようではないか。そういう志をたてて、それを継続せよという部長の強い意向であった」と辻は振り返る。

学会での研究発表にあたっては、開催一か月前までに発表要旨の提出を求め学会口演集として当日参加者に配付する方法がとられた。また、発表は、その内容に基づき「地域福祉活動」、「教育、育成、相談活動」、「施設、専門機関活動」の三分科会で発表され、一テーマについては、発表時間一〇分、質疑応答時間が設定され、座長が全体の進行管理を行った。

(二) 研究発表の概要

研究発表は、六四題となった。そのうち地域福祉活動の分科会は一六題で、寝たきり老人の訪問活動における問題や今後の対応についての保健師、市町村職員、社会福祉協議会職員、福祉事務所職員の共同研究による発表やモデル福祉圏事業における寝たきり老人訪問看護事業の中間まとめの報告が市町村の保健師や行政担者、保健所、福祉事務所、医療機関、社会福祉協議会、民生委員などの共同による実践の中から行われた。

いずれも発表内容は、在宅福祉保健サービスには、福祉と保健医療の連携が不可欠であること。社会福祉のシステム整備には市町村域を越えた広域での取り組みが必要なこと、県（福祉）事務所、保健所の指導調整機能と市町村機能の充実、人材の養成確保が必要であること。などが参加者の間で再認識されていった。また、各分野の関係者が共同での研究、実践を通してお互いの業務を再認識し、レベルアップにつながっているようであった。

次に、教育、育成、相談活動の分科会は、三二題と多くのテーマがあったため、障害児の早期療育と児童の健全育成に分けられた。障害児については、障害の早期発見、早期療育体制のこれまでの取り組みや今後の市町村での対応のあり方などについて福祉事務所と保育所、障害児施設、市町村、保健所等の共同研究や特別支援学校、大学の研究サークル等の取り組みの発表であった。内容的には、障害児の早期発見、早期対応のための保健と福祉の連携の必要性や市町村における第一次機能から治療、リハビリテーション、関係者の研修や指導調整を行うより高次の専門的な第三次機能の必要性などが明らかにされていた。さらに、モデル福祉圏事業として早期療育体制の整備に取り組んできたこれまでの経過と市町村や保育所、児童相談所、保健所、福祉事務所等のそれぞれの役割、機能がまとめられ一定の評価がされるなど福祉圏構想の着実な推進が伺えるものもあった。

また、児童の健全育成については、当時の教護施設や児童相談所での個々の事例を通した取り組みを中心とした研究発表となった。

学校関係者の研究発表や参加がほとんどなかったが、今後は教護施設や児童相談所での事例を分析、検討し、学校とも連携しながら地域において具体的な実践を行っていくことが必要であるといったことが提起されていた。

次に、施設・専門機関活動の分科会は一六題の研究発表であり、特に施設機能の地域の高齢者・障害者への提供や、通所施設・一時保護施設の整備の必要性、さらには、福祉事務所現業業務のあり方などについての内容であった。

㈢第一回の社会福祉学会から

第一回の社会福祉学会の参加者は、約五〇〇人、研究発表六四題で研究グループのメンバーは二七〇人であった。中でも一三題の発表を行った保健師、医師、療法士など保健医療関係者の積極的な参加が学会の内容を盛りあげることとなった。

また、福祉や保健医療などそれぞれの分野の関係者が一つのテーマに対する共同の研究を通してお互いの意思疎通と業務への理解や相互のかかわりが深まってきたことも大きな成果であった。

地域福祉の推進は、利用者本位の福祉保健医療サービスを総合的、継続的に供給できる体制づくりを研鑽し実践していくことであり、そのための人とシステムづくりが不可欠である。

当時、この学会にかかわった関係者の間からは、この社会福祉学会が関係者の交流と自主的な学習の場として、多くの人が研究し参加する中で定着し将来の滋賀県の福祉、保健医療の研究の場として機能していくことを願っていた。そして現在この学会は二六回の開催を積み重ねてきている。県下の各地域では、研究グループを中心とした福祉保健に通じるさまざまな取り組みの質的な向上と地域性、個別性に富んだ実践が展開されている。

地域福祉構築に向けた先進的な取り組み

滋賀県社会福祉事業団　理事長
北岡　賢剛

障害者ケアマネジメントから自立支援協議会へ
―サービス調整会議を軸に―

はじめに

戦後五〇年を経過するようになってようやく「施設から地域へ」「措置から契約へ」という利用者主体への変革が実現してきた。保護主義から、なかなか変わらなかった、変われなかった福祉の潮流が、二〇〇三（平成一五）年四月の支援費制度の導入によって大きく変化した。

市町村を援護の主体として、地域生活支援にシフトを変えていく制度改革は、二〇〇〇（平成一二）年の社会福祉基礎構造改革以降、さまざまな論議がありその目指す方向性は明確であったが、契約制度への変革があったものの利用者と事業者の対等な関係に基づく施設・サービスの変化が見られたわけでなく、契約能力の面で地域福祉権利擁護事業や成年後見制度など制度的な裏打ちが整備されたが、利用者の権利擁護という面では十分な役割を果たしているとはいえない。また地域への移行を謳いながら、施設訓練支援費と居宅生活支援費の単価の設定について従来の措置費の影が見え隠れするなど利用者主体の制度への移行とは裏腹に大きく地域生活支援への流れを後押しするとは言いがたい状況があった。結果として特に障害児・知的障害者の在宅生活を支える関係サービスが大きな伸びを見せることで、財源的な破綻《はたん》状況が、障害者自立支援法の成立につながるという結果になった。

このような背景で注目されたのが、地域格差の問題であり、市町村への権限委譲に伴うサービス決定プロセスの普遍化のためのケアマネジメントの制度への取り込みである。

この項では、障害のある人の地域生活を支援するために機能すべき「地域ケアシステム」づくりとその普及についてまとめる。

地域がネットワークされていること―サービス調整会議の立ち上げとその仕組み―

高齢者に比べて圧倒的に対象者数や財源に差があり、提供できるサービスが限られている中で障害児・者やその家族のニーズに応じたサービスメニューを開発し、実施していくためには、行政を含む関係機関の連携とパートナーシップがより求められる。その中で主体的な取り組みを進めていく事業実施主体のあり方が問われる。個々のニーズに対して地域がどのように向かい合うのかが大切である。限られたサービスの公平な分配が制度改革の趣旨ではない。

滋賀県甲賀郡（現、甲賀市、湖南市）は、近江学園を中心に多くの福祉施設が集まり、また信楽では障害のある人の地域就労が積極的に取り組まれてきた。滋賀県では一九八一（昭和五六）年に始まる福祉圏構想に基づく福祉全般にわたる施策展開において、特に知的障害をもつ人の支援事業に積極的に取り組んできた地域である。そのため福祉施設の整備に限らず生活支援サービスや余暇支援事業、雇用事業所協会など障害のある人の地域就労や地域生活をサポートしていく資源が豊富である。

一方で多くの福祉資源がありながら個々の機関がそれぞれに所属する利用者に対して対応するというこれまでの福祉のあり方から、受けられるサービスは各機関の提供サービスに限定され、地域というフィールドで提供される限られたサービスも福祉事務所をはじめ相談支援を担当する個々の職員のネットワークに頼りがちで職員の異動・転勤などによってサービスの状態が左右されてしまいがちであった。

一九九五（平成七）年一月に甲賀福祉圏域の一資源である社会福祉法人しがらき会・信楽青年寮に障害児・者地域療育拠点施設事業（翌年、地域療育等支援事業に吸収）が委託されるにともなって配置された「コーディネーター」と、一九九一年から信楽通勤寮に配属されていた「生活支援ワーカー」を、施設の人材ではなく地域の相談支援活動の専門職種として活動を位置づけることとなった。この活動をバックアップするため、滋賀県甲賀福祉事務所では地域のニーズを検討する場として当時、動き始めていた「高齢者サービス調整会議」を参考に、「甲賀郡心身障害児・者サービス調整会議」を設置し、コーディネーターや生活支援ワーカーの活動内容の詳細を具体的に報告し、活動状況を評価することとした。

滋賀県では、一九九〇（平成二）年の福祉八法の改正にともない、窓口が市町村に一元化される中で福祉事務所の機能を整理し、法ごとの担当者を置くのではなく地域担当制を敷き、地域担当のケースワーカーが生活保護から児童、母子、障害者福祉まで担当していたことから、ケースワーカーは、コーディネーターや生活支援ワーカーと一緒にチームを組んで個々のケースに対応するようになった。コーディネーターは主に生活ニーズに、生活支援ワーカーは主に就労や地域での（自立）生活支援に関わるニーズに対応してきた。

一九九五（平成七）年四月に設置された「甲賀郡心身障害児・者サービス調整会議」は初年度は二か月に一回、翌年度からは月一回の「定例会議」と個々のニーズに対応してサービス調整を行う「個別会議」を年二〇回〜三〇回程度開催してきた。また潜在ニーズの発見を目的として毎年テーマを設定して行う「合同家庭訪問」も毎年五〜七月にかけて実施している。

以下に、「甲賀郡心身障害児・者サービス調整会議」の機能を概説する。

㈠定例サービス調整会議

地域ケアに関わる圏域の各機関の代表によって構成される代表者会議であり毎月第三水曜日の午後に実施。内容は、コーディネーター、生活支援ワーカー、雇用支援ワーカー、権利擁護専門員等の活動報告を中心として情報交換、管内福祉資源の状況評価、学習活動を行っている。

また個別のケースから見えてきた新たな課題についてプロジェクトチームを編成して資源開発を行っている。このプロジェクトにより整理された課題を在宅福祉運営協議会に提案して資源開発などにつなげている。

定例サービス調整会議は、福祉圏の課題を共有し、必要なサービスの提供・開発を検討する重要な役割を担っている。

㈡個別サービス調整会議

障害をもつ本人や家族から相談が各機関に届いた時点で、ニーズの調整・サービスの提供に必要な機関が集まって行う会議である。利用者ニーズのアセスメント（訪問調査）とケアプラン（支援計画）を具体的に検討する。メンバーはケースによって随時変化する。サービスの支給量の調整や費用負担についても検討していく。

㈢合同家庭訪問（主に潜在ニーズの把握と関係機関の課題共有の場）

合同家庭訪問は、複数の障害福祉関係者（福祉事務所、町役場、コーディネーター、生活支援ワーカー、保健師、ホームヘルパー等）で行う家庭訪問をさしている。相談という形に現れない個々のニーズを探る手段として、生活の現状を確認し、当事者の抱える潜在ニーズがないか、また情報提供や将来的な支援の必要性という点においても重要な役割を果たしている。

関係機関が一度に現状を把握することで課題の共通化や評価の客観性が可能となり、具体的なサービス調整が必要な段階でネットワークが容易になるという効果がある。

（136〜139ページの図1、図2参照）

地域ケアシステムとしての調整会議

サービス調整会議の活動を通じて現状のサービスの充実はもちろんのこと、新たに整備が必要なサービスが見えてくる。例えば、入所施設でなく必要なケアを受けながら家族から離れて地域生活をしていきたい人が増えてきている。また地域で単身生活をしている人やグループホームで生活する人の余暇支援や財産管理をどうするかもその一つである。これらの新たなサービスメニューやシステムづくりにおいては、「ホーム整備検討委員会」「甲賀郡障害者財産管理検討委員会」のようにサービス調整会議の中でプロジェクトチームを構成し、必要に応じて外部のアドバイザーを招きながらそこで施策実現に向けて集中的に審議することが有効である。これらの検討から、甲賀郡では一九九七（平成九）年には所属や出身にとらわれない「運営委員会方式」によるグループホームの運営や、一九九九（平成一一）年には障害者に特化した財産の保全や管理を行う「甲賀郡障害者財産管理委員会」の設置と運用、さらに就労している障害者の余暇支援活動「ふれあいサロン」や雇用事業所の情報交換や研修を行うための母胎として「甲賀郡障害者雇用事業所協会」などを生み出してきた。

さらに、障害当事者が介護事業においてサービスの受け手からサービスの担い手になれるよう「知的障害者三級ヘルパー養成事業」の取り組みや成人期の地域生活者の多くが保護者との同居が前提となっていることから、より積極的にホーム等への移行を進めるために地域のアパートを借りて通所施設等に通う人のための自活訓練事業といえる「自立生活体験モデル事業」

を滋賀県社会福祉事業団の事業として興し、その利用者から二〇〇三（平成一五）年一月には第一号のグループホームが生まれた。

地域で生活している障害のある人は幼児期から高齢期まで幅広い。それぞれの年代や家庭、地域を取り巻く環境、本人の障害等々により多用なニーズがある。単にサービスの提供事業所があれば生活の質が確保されるわけではない。幼児期の家族を含む介護支援から成人期以降の本人支援、進路・就労など個々のライフサイクルに応じた総合的な課題に対して向き合える仕組みが地域生活支援には求められる。

地域における相談機能は、個々の当事者にとって身近な場所であった方がいい。そのために福祉施設はもちろん、教育機関、行政機関、判定機間など多くがその窓口になる。しかし、それぞれが個別にケアにかかわる相談を行うのではなく、地域ケアを総合的に処理する機関である「障害者サービス調整会議」に情報を集中することで、均質で効果的なケアマネジメントが可能となる。個々の事例を積み重ねることで、サービスの類型化が可能となり、また情報を共有化し複数の機関でケースを支えるためにアクシデントにも即応できるシステム作りが可能となる。さらに、「サービス調整会議」には新しい地域資源開発に取り組める仕組みを準備していくことが必要となる。

支援費制度の開始に伴って、市町村を主体としたサービス提供のあり方が甲賀郡でも検討されている。これまで使い勝手の良い生活支援サービスやサービス調整会議の実績から大きな混乱はなく新制度のスタートを切ったが、転入者を含むサービス利用実績のない人への支給量決定は市町村の窓口では対応が困難である。滋賀県では、参考資料のような流れで相談支援事業に関わる人材が生活支援センターにいることから、市町村と連携して支給決定のサポートを行うようにしている。一方で国の補助事業であった相談支援事業の一般財源化によって知的障害部門では県の財源として、身体障害者部門では市町村の財源として障害の違いによって県の事業・市町村の事業と区分され、とりわけ、市町村事業は、その連携が危ぶまれている地域もある。サービス提供の支給量の決定が色濃く財源に左右されてしまえば制度導入の前提が崩れ、またサービス提供における上限問題が浮上してくる可能性も高くなる。

障害者ケアマネジメントと自立支援協議会へ

甲賀地域で取り組んできたこの「地域ケアシステム」は、一九九七（平成九）年から国で始まった「障害者ケアマネジメント」施行事業（事業名称は、年度により変更）として、介護保険の仕組みに組み込まれた高齢者のケアマネジメントとは違い障害のある人の総合的な地域生活を支援する仕組みとして注目され、「滋賀モデル」「甲賀モデル」として、地域ケアシステムのモデルとなってきた。国の研究事業等を通じて、サービス調整会議の流れを整理し、相談支援事業のあり方として、単に個々のケースに対応するのではなく広く地域全体を行政を含む関係機関が協力して個々の事例に向き合い結果として福祉力を高めていく仕組みとして機能していくあり方は「狭義のケアマネジメント」としてではなく「広義のケアマネジメント」として地域を変えていく仕組みとして評価されてきた。

国は、支援費制度、そして今回の障害者自立支援法でも相談支援事業のあり方としてその仕組みの普及を謳っており、多くの自治体から市町村主体の地域福祉の構築のためのスーパーバイザー事業などの位置づけで相談事業のモデルとして地域に普及するために関係する職員の派遣要請等の支援を求められている。

終わりに

社会福祉基礎構造改革を受けて導入された、支援費制度、そして障害者自立支援法は「施設中心の福祉から地域福祉への転換」「当事者の自己決定に基づく福祉サービスの利用制度への転換」を柱とした当事者主体の地域福祉の推進を目指したものである。

この大きな制度の節目において、障害のある人の地域生活は大きな変化を見せてきた。地域格差はあるにしてもサービス提供事業者が大幅に増え、サービスを利用しながら新しい生活の組み立てを積極的に考える保護者・関係者も増えた。一方で、財源不足が顕在化し、在宅関係予算が義務的経費に変更するかわりに応能負担から定率負担へ利用者負担の仕組みが変更され、また公平なサービス提供の仕組みとして障害程度区分の判定やサービス提供プロセスに相談支援事業が取り込まれたこと、さらに市町村主体の名の下に多くの事業が「市町村地域生活支援事業」メニューに再編された。

「地域の実情に応じたサービスのあり方をその地域が決める」という障害のある人の地域生活支援を機能させるためには、滋賀県が発信してきた障害者サービス調整会議を軸とした「地域ケアシステム」が地域において機能するかどうかにかかっているといっても過言ではない。

〈資料〉

図1　甲賀地域における地域ケアシステムの概念図（平成一六年度まで）

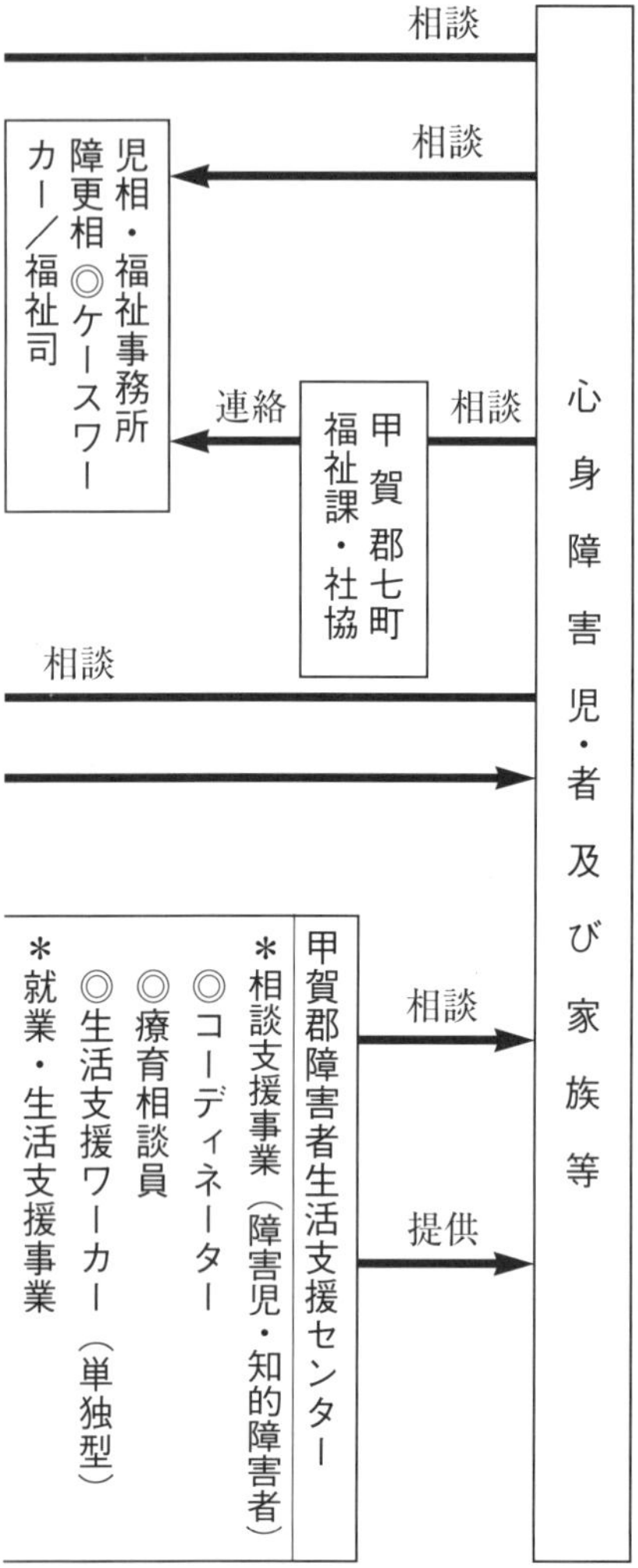

連絡

施設・病院・養護学校など
＊療育機関
＊学校障害児学級
＊養護学校
＊入所施設・病院における短期入所（ショートステイ）など

調整

連絡

◎雇用支援ワーカー
◎生活支援ワーカー
＊生活支援センターれがーと
□デイサービス
□ホームヘルプサービス
□ナイトケアサービス

連絡

調整

障害者サービス調整会議

〈福祉事務所（県振興局健康福祉部召集）〉
①個別サービス調整会議（個々のニーズに対応したケア会議）
〈随時開催／新規ケースや新しいニーズに対応〉
②サービス調整会議
（福祉圏における福祉・医療・保健・教育などのネットワーク会議）
◎地域資源の調整・評価　◎地域ケアシステムの評価
◎ニーズに基づく新規サービスの検討（プロジェクトチームによる検討）
◎地域福祉計画の推進・アセスメント　等
③合同家庭訪問
◎潜在ニーズの発掘、情報提供と課題共有

図2　サービス調整会議の仕組み

毎月第二火曜日

相談職種による（サービス調整会議）運営会議

＊個別の相談活動や個別調整会議から見えてきた圏域の懸案事項を事前協議し、定例会議への提案内容や情報を整理する。

毎月第三火曜日

定例サービス調整会議（全体会議）

＊一ヶ月間の個別調整会議や個々の相談職種、障害種別ごとの生活支援センターで扱った相談の報告
＊運営会議より提案された新たな検討課題等についての協議
＊圏域及び県からの情報提供など

月一回程度

サービス調整会議（精神障害者部会）

＊他の障害とニーズや対応が異なる場合の多い精神障害者について個別会議や生活支援センターでの相談を報告し、定例会議への提案内容等を検討していく。
（平成一四年度末に設置／県及び町の保健師を含む会議）

随時開催

個別サービス調整会議

＊個々のニーズに対応してサービスの提供に必要な相談・調整及びマネジメントを担う会議。支援費の支給量についても調整する。

随時開催

進路・施設利用調整部会

＊主に養護学校や児童施設の卒業生の施設利用を総合調整するために置かれた部会。個々の状況やニーズと通所施設や共同作業所の受け入れ状況を調整し、よりふさわしい進路を保障しようとするもの。
＊一五年度より、進路にかかる部会と随時通所等を必要とする人（会社離職者、転入等）の調整部会に分けて総合調整を行う。

随時開催
（月一回程度）

必要なとき必要なサービスを
――障害のある人に必要な地域生活支援サービスとは――

はじめに

利用者主体の地域生活支援は、まず使い勝手のいいサービスが地域にあるということが前提となる。利用契約を原則とする支援費制度において利用できるサービスがその地域にあるということが利用契約制度を進めるにあたってまず問題となる。

滋賀県甲賀地域では、地域生活を送る障害児・者に対して具体的に暮らしをサポートするために、「介護」という枠組みを越えて障害者の属する家庭への支援や当事者の活動支援などを安定して届けるために、一九九六（平成八）年から二四時間三六五日「必要なとき必要なサービスを」をキャッチフレーズに障害者生活支援センターを設置し、相談からサービスの提供を一体的に行える仕組みを作ってきた。

この項では、支援費制度において全国に普及した「公的な地域生活支援サービス」の先駆けとして滋賀県が甲賀地域をモデルに取り組んできたサービスについて述べる。

使い勝手のいいサービスが地域にあること

甲賀地域における地域生活支援サービスは、一九九四（平成六）年、地域の声に対応する形で私的契約によるレスパイトサービス事業（レスパイトは息抜きの意。要介護者を一時的に預かって家族の負担を軽減するもの）を地域の一福祉施設である信楽青年寮がはじめたことに始まる。私的契約で事業をはじめたことがその後の「使い勝手のいいサービス」の仕組みづくりに大きく寄与することになる。これまでのサービスが、まず要綱にしばられ、利用者ニーズに対応するというよりは、既存のサービスに利用者をあてはめていくことが多かったのに対して、利用者のニーズにいかに対応できるか、そのためにどのような支援をすればいいのかを軸に組み立てられた新しいサービスの形は、サービスを受ける場所・時間・内容を利用者が決めるという新しいサービスの形として支援費制度で謳われた「利用契約による利用者主体のサービス」を先取りする形をつくってきた。

依頼（主に電話）に応じてスタッフ（ヘルパー）を派遣していく形態のサービスは、開始当初、家庭事情からどうしても通所施設のあとの三時間が埋められない家庭の支援を中心に学齢期の子どもたちへのサービスとして徐々に地域に広がり、一九九五（平成七）年には、甲賀地域六町から国庫補助事業である「心身障害児・者ホームヘルプサービス事業」の事業委託を受けられるようになった。一方で、国庫補助事業は、対象を重度障害者に限定しており、また児童期のサービスにおいて外出の支援が位置づけられていないなど、私的契約で行っていたサービスの約四割が適用されないなどの課題があることが明らかになった。

そこで、ちょうど第一期の地域福祉計画を策定するワーキングチームが動き始めていたことから、甲賀福祉事務所と甲賀郡七町が中心になり障害の程度を問わない総合的な地域生活支援サービスの創出に向けて検討を行い、一九九六（平成八）年モデル事業として「二四時間対応型総合在宅福祉サービス事業モデル事業」を国・県の補助事業として施行することになった。

まず、事業開始にあたって事業所と行政との間で「サービス提供にかかる申し合わせ事項」の確認を行った。その際に、これまでレスパイトサービスとして私的契約で行ってきたサービス内容を変えないことを前提に制度設計を行った。申し込みは、役場への都度の申請ではなく、年一回の登録（障害のある人の介護とのため何らかのサービスを必要とするという認定）で、あとは事業所への電話等によるサービス依頼でサービスが受けられること、障害という特性のため、自宅内での介護にとどまらず、外出支援（おおむね福祉圏域内）を含め社会生活全般にわたる支援（見守りを含む）が行えること。デイサービスセンターでも、夜間の預かりや緊急時の宿泊サービスが提供できることなどを申し合わせた。

事業は、二四時間対応のホームヘルプサービスを核にし、それぞれの家庭からの依頼に応じて自宅や公園、プールへの付き添いなど生活全般にわたる支援を行う。また家族・親族などの突発的な事由に対して即応できる夜間の一時預かりや宿泊対応ができるナイトケア事業を滋賀県の事業として用意し、これらをデイサービスセンターを拠点に提供した。ショートステイとの大きな違いは、ショートステイが、施設での預かりを前提としているのに対して、生活支援センターは、地域での生活を前提にし、食事や活動などをすべて依頼者が主体となって決められるという点にある。

各家庭の事情や障害のある人の生活のしづらさに対してサービスを提供していくあり方は、介護保険のような要介護認定やそれに基づくパッケージ化されたケアサービスの提供だけでなく、個々の暮らしの実情やニーズに寄り添う形で、家族や障害のある人の生活のあり方、暮らしの志向性も含めて支援していくものであり、このようなサービスを地域に創造することで障害当事者や家族のエンパワメントを刺激してきた。

当初、介護負担の軽減を目的としたサービス依頼が多くを占めていたが、障害のある子どもがいるということで諦めていた地域の子供会活動や行事への積極的な参画や家族旅行の企画などヘルパーをうまく使うことで家族という単位で地域での暮らしのあり方を見直したり、成人になった本人の余暇の組み立てとして映画やコンサート、ショッピングなどにヘルパーと一緒に出かけるなど、生活支援サービスをうまく使いこなす利用者も増えてきた。

このようなサービス提供のあり方は、従来私的契約やごく限られた地域で展開されることが多かったが、滋賀県では県と市町村が共同で事業を起し、地域の核になる社会福祉法人に事業委託する形で全県で同様の事業が展開されるようになった。また、公的なサービスとして位置づけられたことで所得状況に関わりなくサービスが受けられること、さらに在宅サービスの事業の実施主体が市町村であることから、主体的にサービス提供について委託法人とのやりとりを行うことで障害のある人へのサービス提供について市町村が主体的に関わっていく姿勢が形作られてきた。

居宅介護事業の変遷　―公的なサービスとしての広がり―

甲賀地域における地域生活支援サービスは、甲賀地域での実績をもとに一九九七（平成九）年に策定された滋賀県の「淡海《おうみ》障害者プラン」に取り入れられ、二〇〇〇年度には全県で取り組まれる事業になった。一方で、他府県へは、一部地域での限定的な運用の開始を自治体の独自事業として補助する制度は広がったものの、都道府県を単位とした広がりは二〇〇三（平成一五）年の支援費制度の開始までなかなか進まない状況があった。これはさまざまな要因が考えられるが、一つには滋賀県の福祉圏構想に基づく入所・通所施設を含むサービスの基盤整備と県を中心にした市町村との連携という広域福祉圏での事業の展開の歴史の差であると考えられる。

国は、障害者ヘルパー事業の要項改正を順次行い、二〇〇〇年には成人期の社会参加目的に限定的にしていた外出支援を余暇支援まで広げ、支援費制度の居宅介護においては、障害の程度はもちろん手帳要件（就学前児童については手帳がなくても市町村の判断でサービス対象とする）を原則撤廃するなど、滋賀県が取り組んできた市町村を主体として利用者ニーズにあった事業として運用する手法を制度に反映してきた。さらに、サービス利用についてのルールとして市町村による支給決定と事業者との契約を進めるために受給者証を発行するなど、これも滋賀県での手続きの簡素化を取り入れる形になった。

支援費制度から障害者自立支援法へ

支援費制度の開始に伴って、市町村を主体としたサービス提供のあり方が滋賀県でも検討されてきた。二四時間対応型のホームヘルプサービス事業を柱とした生活支援事業が県・市町村の委託事業として全圏域の生活支援センターで実施されてきたことで、多くの障害児・者及びその介護者は必要なサービスを受けてきた実績がある。支援費導入にあわせて事業が始まった全国の多くの市町村に比べて、サービス利用制度への素地が地域にあったということは大きな意味がある。

制度開始前に学校の長期休暇中にふくらむ利用ニーズや保険としてまさかの時に頼りたいニーズなど障害特性に応じたサービス利用傾向を事前に市町村が把握できていた。このことで利用者の実態に応じた支給決定を行い支給量変更への不安をあらかじめ取り除くなど、支給量決定に対して圏域の市町村が統一した申し合わせを行い、大きな混乱を招くことなく新制度のスタートをきることができた。一方で、サービス利用者もおおむね月あたりのサービス利用実態が把握できていたこと、生活支援センターとの間では定期・不定期なサービス利用に慣れていたことで市町村の支給決定や契約にかかる手続きが煩雑《はんざつ》という声はあったが、サービス利用に際しても混乱は少なかった。

さらに家庭事情から複数のサービス機関との契約を必要とする家族への支援や、転入者を含むサービス利用実績のない人への支給量決定など市町村だけでは対応が困難な事例に対しては、各圏域に配置されている生活支援センターの相談支援事業に関わる人材が市町村と連携して支給決定やサービスのマネジメントのサポートを利用者のサイドに立って行うようになっていたため制度の導入はスムーズであった。

一方で、これまで委託事業として行ってきたホームヘルプサービスでは、月々の利用実績を市町村に報告し、各家庭の実績に応じた費用負担を市町村が請求するというわかりやすい制度になっていたが、支援費では「決定支給量」や居宅介護総枠での「自己負担額」やその「上限」に振り回される。本人や家庭状況の急変など幼児・児童期を含む障害児の支援は、その変化も大きい。その際に、電話一本の市町村への連絡が負担になる場合がある。また、変更のたびに行う契約変更の手続きや拠点の違う事業所間で自己負担額を相互に管理するトラブルなど利用者・事業所がその手続きに追われることも多い。さらに、支給量は「目安、上限ではない」という説明があっても「使わなければ減らされる」、一定量以上は負担が変わらないことで「決定量まで使い切らなければ損」といった意識が利用者に生まれた。また、入所施設利用者の帰省中のサービス利用や通所時間帯のホームヘルプ利用など施設利用との間で使いにくいとの意見も多かった。

結果的には、裁量的経費で行う地域生活支援の財源的な課題がクローズアップされる形で障害者自立支援法へ制度移行することになったが、行動援護という知的障害者や精神障害者特有のサービス類型の創出など、滋賀県が全県で取り組んできた障害のある人の地域生活支援サービスが、この国の在宅福祉サービス事業を動かしてきた影響は計り知れない。

終わりに

滋賀県甲賀地域を軸に進められてきた利用者主体の地域生活支援サービスは、この一〇年間で全国的な展開に進化してきた。さまざまな制度の変遷を経て、現在の障害者自立支援法にまとめられたが、当初、取り組んできた「二四時間対応型総合在宅福祉事業」の理念は、いまだ色あせていないのではないかと感じる。

全国を単位に展開する事業と甲賀地域という一五万圏域を単位とするのでは、事業の内容や運用は違いがあって当然である。厚生労働省のデータでみると、人口一万人に占める受給者証の支給割合は、滋賀県が突出した数字となっている。これは、支援費制度に先だって「使い勝手のいいサービスを地域に作ろう」と行政・事業者・利用者が一体となって制度作りに取り組み、その具体的な運用について真摯に協議を積み上げてきたからに他ならない。

支援費から障害者自立支援法に至り、市町村を主体とした障害のある人の生活支援事業は、制度としての枠組みは整ってきた。さらに地域特性に配慮して市町村地域生活支援事業をはじめ個別給付の支給決定やその細かな運用は、地域の関係者で組織する「地域自立支援協議会」で諮《はか》られることになっている。

滋賀県では、二〇〇五（平成七）年から始まった甲賀地域の「心身障害児・者サービス調整会議」がその先駆的な役割を果たし、地域に必要なサービスの運用や創出に寄与してきたが、多くの市町村がその運用に行き詰まっているという。

いち早く地域ニーズに対応できる仕組みの構築と使いやすいサービス事業の運用に取り組んできた滋賀県の実践は、今後ますますその役割を増しているといえよう。

滋賀県の福祉圏構想と障害者施策の展開

はじめに

一九九五（平成七）年一二月に発表された国の「障害者プラン」は、具体的数値目標を設定しているだけでなく、事業の実施単位として「人口三〇万人あたり」の圏域が設定されたことが特徴的であった。翌年、厚生労働省は障害者プランでいう三〇万人の圏域、すなわち「障害保健福祉圏域」の設定を進めるよう都道府県あてに通達し、圏域単位で施策を推進することをさらに明確にした。

こうした国の動向とは別に、滋賀県は一九八一（昭和五六）年に策定した「滋賀県社会福祉計画」（以下「社会福祉計画」と記述）で、県下の地域のひろがりを「生活福祉地域」、「市町村福祉地域」、「福祉圏」という圏域ごとにとらえ、機能分担をしながら重層的に社会福祉資源を整備しようとする「福祉圏構想」を提示した。「福祉圏構想」は、その後の「滋賀県障害者対策長期構想」（一九八二年）、「滋賀県新社会福祉計画」（一九八九年）、「滋賀県障害者対策新長期構想」（一九九三年）、「障害者地域福祉計画」（一九九六年）、そして「淡海障害者プラン」（一九九七年）と引き継がれて、現在も社会福祉推進の基本となっている。

福祉圏で取り組む事業

社会福祉計画の策定以来、障害児（者）施策のほとんどが福祉圏事業として実施されてきたといっても過言ではない。ここでは、社会福祉計画に例示されているいわば古典的な福祉圏事業である心身障害児の早期療育体制［障害児通園（デイサービス）事業］の整備、通所授産施設の整備の二つの事業と、比較的最近福祉圏事業として取り組まれた、障害者地域福祉計画策定事業および二四時間対応型総合在宅福祉サービス事業の実施経過を概説する。

㈠心身障害児の早期療育体制［障害児通園（デイサービス）事業］の整備

滋賀県では大津市において早くから障害児の早期発見、早期療育の体制が整備され「大津方式」として実効をあげていたが、他の市町村では、早期発見では三か月から三歳児健診まできめ細かく実施されているものの、早期療育の体制については心身障害児母子通園事業が大津市を含めて県内三か所で実施されるに止まっていた。

県は通園事業の全県的整備をめざし、福祉圏単位の実施を促進するため地域福祉（保健）推進協議会で実施に向けて調査研究と圏域内市町村の調整を進めるとともに、いきなり心身障害児母子通園事業を実施するには、職員体制や財政面でハードルが高いとの認識から、心身障害児母子通園事業より小規模な県単独補助事業の「福祉圏地域療育事業」を創設して市町村を支援した。

こうして、県(福祉)事務所・保健所の調整のもと、福祉圏内各市町村で組織する運営協議会あるいは一部事務組合で順次事業がスタートした。一九九八(平成一〇)年度には県下で一五事業が国庫補助事業として実施されており、ほぼ県全域が対象地域として網羅されるまでになった。人口一〇万人あたり一か所以上の設置であり、全国的にみても高い整備状況となっている。

(二) 通所授産施設の整備

障害者が住み慣れた地域で生活していくためには、成人期の就労対策、とりわけ就労前トレーニングの場あるいは比較的重い障害がある人の福祉的就労の場として通所型の授産施設の整備が不可欠である。

滋賀県では、共同作業所(小規模作業所)の設置運動が活発で、行政側も各市町村一か所の目標を掲げて支援してきた。そして、共同作業所の作業環境の改善および運営の安定化対策として、通所授産施設への移行が積極的に進められた。当初は各福祉圏最低一か所ずつの設置が目標とされ、福祉圏内関係者の合意のもとで県や市町村の経費助成、用地の無償貸与などの全面的支援を受けることで施設が開設された。近年では、福祉圏事業の色合いは薄れ、環境の整った共同作業所から順次施設へ移行しており、規模の大きな福祉圏では複数の設置が進んでいる。

㈢ 障害者地域福祉計画

一九九三（平成五）年の障害者基本法の成立により、市町村障害者計画策定の努力義務規定が設けられた。滋賀県では障害者福祉施策の多くが福祉圏構想に基づき推進されてきたことや、県と市町村の施策が相まって障害者の地域生活が支援されていることから、市町村が個別に計画を策定するより、福祉圏単位に市町村と県［県（福祉）事務所］が共同して策定する方が実効性が高いと考えられ、県障害者基本計画の地域版と市町村障害者計画の性格を合わせ持つ、県と市町村の共同の障害者計画「障害者地域福祉計画」が策定されることになった。

策定作業は、地域福祉（保健）推進協議会に計画策定委員会を設置し、県、市町村行政だけでなく福祉事業者、教育、労働関係者、当事者団体等が広く参画して進められた。結果として七福祉圏それぞれに地域福祉計画が策定されることにより、県下すべての市町村で市町村障害者計画が策定されたことになり、滋賀県は全国で唯一市町村障害者計画の策定率が一〇〇パーセントとなっている。こうした取り組みは、障害者白書に取り上げられたり、後の複数市町村の共同計画の策定を促進するための国庫補助創設の契機となり、全国的な評価を得ている。

さらに、障害者地域福祉計画の策定は、県が進めてきた福祉圏構想を市町村が市町村障害者計画という形ではじめて施策推進の手段として明文化したこと、福祉圏内のほぼすべての関係者が一同に会して議論し、コンセンサスを形成して地域福祉の方向を見いだしたことにおいても有意義な取り組みであった。

㈣二四時間対応型総合在宅福祉サービス事業

一九九四（平成六）年に社会福祉法人しがらき会が、障害児（者）の家族の生活を支援するため、理由を問わずいつでも必要なときに必要なサービスを提供するいわゆる「レスパイトサービス」を試行的に実施したところ、家族の強い支持を受けたことにより、改めて在宅福祉サービスへのニーズの高さが浮き彫りとなった。それまでの在宅福祉サービスといえばショートステイのみであり、それさえ常時利用できる保証がない極めて不十分なものであった。

障害児（者）と家族の地域生活を支援するためには、個々の障害児（者）の生活環境やライフスタイル、地域の社会環境に応じてホームヘルプサービス、デイサービス、ショートステイ等の各種在宅福祉サービスを適切にマネジメントしたうえ総合的に提供する必要がある。さらに、障害児（者）や家族が安心感をもって地域生活を送るためには、誰もがいつでも必要なときに必要なサービスが受けられる体制が整備されなくてはならない。

県は、こうした体制を整備するため、「レスパイトサービス」の中に既存の公的福祉サービスやその拡充で代替できるものが多くあることに着目し、福祉圏ごとに障害児（者）地域療育等支援事業、ホームヘルプサービス事業、デイサービス事業、ナイトケア事業を一括して一つの社会福祉法人に委託して実施する「二四時間対応型総合在宅福祉サービス事業」を一九九六（平成八）年に事業化した。

この事業は障害児（者）地域療育等支援事業を除いて市町村事業であることから、福祉圏内市町村すべての合意が前提であり、県［県(福祉)事務所］が持つ調整能力が問われるものである。また、受託法人にあっては、いわゆる施設の地域化を迫られることになり、施設至上主義からの脱却が必要となる。公民双方が意識改革に迫られる事業といえる。

内容	事業名	実施主体（財源）	運営主体
相談・指導	障害児(者)地域療育等支援事業	県（国・県）	すべての事業を一つの社会福祉法人が受託し一体的に運営
介護サービス	ホームヘルプサービス事業（国庫） 〃（県単）	市町村共同（国・県・市町村） 市町村共同（県・市町村）	
日中活動の場	デイサービス事業	市町村共同（国・県・市町村）	
夜間の一時預かり介護	ナイトケア事業（県単）	町村共同（県・市町村）	

福祉圏構想の成果と課題

これまで述べたとおり、県全域の障害者福祉の底上げという視点に立てば、福祉圏構想の推進は大きな成果をあげたといえるが、課題が皆無というわけではない。いくつかの課題について紹介する。

㈠ 身近な福祉サービスの実現

障害児（者）や家族が地域で安心して生活していくためには、住まいの身近で必要なサービスを受けられることが基本である。社会福祉計画では、障害児（者）等が「より身近で支えられるためには生活福祉地域や市町村福祉地域単位での公私さまざまな活動が行われたり、しくみが整備されることが必要」としたうえで、「当面の措置」として福祉圏単位に事業を整備することが示されている。裏を返せば，将来のサービス量の増大や専門技術の普及にあわせて、適切な時期に市町村福祉地域単位あるいは生活福祉地域単位での取り組みに移行することが期待されていると言える。県域事業を福祉圏事業へ、福祉圏事業を市町村福祉地域の事業へ、そして生活福祉地域事業へと専門的サービスがより身近で提供されることを常に追求する必要がある。現に、障害児通園（デイサービス）事業や通所授産施設の整備のように、福祉圏内で複数箇所の設置がすすんでいる事業がある。

一方で、専門性や財源効率の面で複数箇所の設置が困難な、あるいはなじまない事業もあるが、財源の効率化や専門性を強調する余り利用者の利便や安心感を損なうことがあってはならない。

さらに、こうしたサービスの重層化を有効にする前提として次に述べる地域ケアシステムが必要となる。

(二) 地域ケアシステム

障害者の地域生活を支えるためには、そのライフステージに応じ各種福祉施策を組み合わせて提供するとともに、保健、医療、教育、労働等広範な分野が連携して総合的にサービスを提供することが必要である。社会福祉計画ではこうした総合的なサービス提供のしくみについては、具体的な言及はされていない。当時の状況としては、福祉資源の質的・量的充実が当面の目標とされたためであろう。後の滋賀県障害者対策新長期構想のなかでは、総合的なサービス提供を実現するための方策として、県域では県障害者対策推進本部や県心身障害者対策推進協議会(いずれも計画策定時の名称)の活用、福祉圏域では地域福祉保健推進協議会の活用、市町村福祉地域では「福祉サービス調整チーム」の整備が示されている。このうち、障害児(者)の地域生活に最も影響があると考えられる市町村の「福祉サービス調整チーム」は、高齢者福祉では一般的となったものの、障害者福祉では高齢者ほど有効に機能しなかったようである。これは、市町村福祉地域で提供できる福祉サービスが少ないこと、郡部では町村が障害児(者)の援護の実施主体となっていないことが理由と考えられる。

こうした状況の中で、一九九五(平成七)年に甲賀福祉圏で発足した「甲賀郡心身障害児(者)サービス調整会議」の試みが注目される。福祉圏内の保健、福祉、教育、労働等の施設・機関の担当者で構成され、障害児(者)地域療育等支援事業で設置されたコーディネーター等の訪問活動による福祉圏内のニーズの把握、個別の処遇検討とサービス調整、さらにこうした実践の中で必要と判断された新規の福祉サービスの整備検討などを行っており、地域福祉保健推進協議会と市町村の「福祉サービス調整チーム」の機能をあわせ持った組織といえる。県も「淡海障害者プラン」では「サービス調整会議」を各福祉圏ごとに設置する数値目標を設定している。ただ、現状ではサービス調整会議は関係者の合意に基づいて設置される任意の組織であり、機能や位置づけが明確になっているとは言えず、当面は各福祉圏で実践するなかであり方を検討することが必要であろう。

また、福祉圏内で完結しないサービス調整や福祉圏事業に関する連絡調整を行うため、県障害者施策推進協議会とは別に、実務者で構成する県域のサービス調整会議も必要と考える。

終わりに　―まとめに変えて―

滋賀県における福祉圏構想に基づく障害者福祉の推進状況について概説し、そこから浮かび上がった課題を中心に若干の考察を加えた。

一九九五（平成七）年一二月に策定された障害者プランでは、在宅福祉サービスの充実のため複数の市町村を単位とした広域圏域という視点を打ち出し、さらに翌年一一月の通知「厚生省関係障害者プランの推進方策について」において都道府県等におおむね三〇万人を一圏域とする障害保健福祉圏域（エリア）の設定を謳っている。このように障害者の施策が身近な市町村を単位としてサービスの実施を推進していこうという方向性が明確になってきているが、市町村の人口規模・生活の実態・福祉資源の状況はさまざまであり、どのようにエリアを設定していけばよいのか模索状態にあるといえる。

このエリア（福祉圏）構想による福祉事業にいち早く取り組んできた滋賀県では、福祉事務所を核として広域調整を行いながら、障害福祉においては、早期療育システムや二四時間対応在宅福祉サービス事業などの施策を推進してきた。国のプランが示した三〇万人に二か所の障害種別ごとに地域生活支援事業（生活支援センターの設置）は、これからの福祉施策の方向性を示唆していると考えられる。つまり自治体においていくつかの市町村をまとめ合同で施策を推進するという、エリア（福祉圏）という面で福祉施策を考えるという新しい試みである。

地方自治体への権限委譲が進められる中で単独の市町村では施策の推進が困難な課題について広域行政施策での取り組みという視点を提案している。地域福祉の潮流の中で、国レベルで高齢者や身体障害者の措置権の委譲や障害者福祉法の制定、地域福祉計画の策定と大きく変化しようとしている。長く施設を中心に展開されてきた施策から地域生活を具体的に援助していくためのサービスが次々と創出され、そのサービス提供システムの一つとして高齢者福祉では公的介護保険が導入された。さらに社会福祉の基礎構造改革によって、障害福祉分野も福祉事業が施設サービスや障害種別の垣根を越えて、「その人が望む地域生活の実現のために」をキーワードに支援費制度を軸にサービス事業へと大きく変革しようとしている。

高齢者に対する福祉が市町村における地域福祉計画の策定、介護保険の施行を経て、それぞれの自治体が地域住民に対してどのような福祉ビジョンを示すことができるかが問われる時代に入って、福祉施策は、単に障害者をはじめとするハンディキャップを持つ人への限定的なサービスとしてではなく、広く街づくりの視点からとらえられるようになってきている。市町村の独自性が発揮されることによって、それぞれの市町村による福祉サービスが形づくられる一方で、広域エリアにおける施策の推進は、複数の市町村を含む広域での合意形成が困難な場合も見られるようになってきた。障害者諸施設の適正配置などについては、広域エリアという視点が今後も活かされていくと思われるが、個々の施策の推進については、市町村単位の高齢者施策や子育て支援施策との合同推進を基盤として、ネットワーク化されていく方向が生まれ始めている。

エリア構想における障害者福祉施策の展開は、エリアの実態に応じた重層的なケアの仕組み作りが求められている。障害者や高齢者、児童の施策をそれぞれに積み上げるのではなく、総合的な地域ケアのあり方を念頭に資源の整備や役割をニーズに合わせて柔軟に位置づけ、サービスが個々の生活圏の中で充足される仕組みづくりが求められている。さらに地域では地域の実態の応じた様々なサービスが生まれ始めている。従来のサービスの枠組みを超えて地域生活における「生活のしづらさ」に注目して使い勝手の良いサービスの提供を行おうという取り組みである。これらのサービスが地域の福祉施策にきちんと位置づけられるよう公的助成制度のあり方や補助金の流れを検討していくことも必要と思われる。公的介護保険および社会福祉基礎構造改革によって福祉事業の枠組みが大きく利用制度へと変化しようとしている。広域福祉圏における取り組みは、この流れに沿って、自治体の独自性とともに共同施策の推進という視点を重視し利用者本位のサービスの創出およびサービスの評価、利用者の権利擁護等にも寄与すべきである。エリア構想を基にした広域的施策の展開においては、地方自治のあり方ともからみながら、生活の実態に応じたサービスを障害のある人や家族を始めとした生活者に主体を置き、総合的な地域ケアシステムへと発展させていくことが求められている。

参考・引用した文献

『滋賀県社会福祉計画』（滋賀県、一九八一年）
『滋賀県新社会福祉計画』（滋賀県、一九八九年）
『滋賀県障害者対策新長期構想』（滋賀県、一九九三年）
『淡海障害者プラン』（滋賀県、一九九七年）

グループホームの発展
―民間下宿から生活ホーム、そしてグループホームへ―

はじめに

障害のある人の地域での暮らしを考えたとき、自宅か施設の二者択一の歴史が長く続いてきた。全国各地で、入所施設の集団処遇の反省から、暮らしの小規模化の取り組みとして生活ホーム、自活ホームなどの取り組みが生まれるようになった。

滋賀県では、早くから障害のある人の就労自立を目指して地域就労の取り組みを進めた信楽で民間ホームとしてグループホームの雛形《ひながた》が昭和三〇年代から取り組まれている。この項では、信楽のホームの取り組みの経過と県下から全国へと広がっていく流れについてまとめる。

信楽の民間ホームの歴史

一九四六（昭和二一）年、大津市南郷《なんごう》に近江学園が開設され、その中で就労自立を目指す取り組みとして窯業のグループが生まれ、そして信楽に池田太郎によって県立信楽寮が開設されたのが一九五二（昭和二七）年であった。児童福祉法しかなかった時代であり、一八歳を超える人の援護について自由契約施設として一九五五（昭和三〇）年に発足したのが信楽青年寮である。

しかし、法の裏付けのない施設であるため生活や訓練・事業に要する費用のすべては全額利用者の負担になったため、受け入れができない利用者がでてきたのである。このような利用者に対する受け皿として、民間ホームという独自の取り組みになる前に、信楽寮の職員が空き部屋を利用して賄《まかな》い付き下宿という形で受け止めを始めた。その後、何人かの利用者が経済的な理由や他府県に受け止めができる施設がないため県立の施設を利用することができないなどの理由で職員宅で暮らし、信楽寮や信楽青年寮で窯業の訓練に従事することになる。

しかし、この取り組みも職員の自発的な善意によるもので受け止めた職員の家庭事情により継続が困難になったり、また一九六〇（昭和三五）年に精神薄弱者福祉法（現在の知的障害者福祉法）が制定され信楽青年寮が社会福祉法人として整備されることで入所がかなうなどしてその役割を終えることになる。一方で、施設ではなしえないホームの受け止めによる効果も池田は感じており、その後は、信楽青年寮で一定の訓練を受け就労自立が望めるものの自宅へ帰れない利用者の受け皿として機能していくようになる。

まず、一九六五（昭和四〇）年から始まった奥瀬ホーム、そして一九六六年に発足した今井ホームである。この二つのホームは、信楽青年寮の職員の家族が善意で自宅や離れの改修をし、青年寮の退寮者を受け止めている。当初の賄いや洗濯などの生活面での面倒は職員の配偶者が、そしてその子どもの配偶者へと引き継がれていく。

また、一九七〇年代後半に入ると信楽青年寮がその運営に責任を持つホームが誕生する。神山《こやま》ホーム・林ホーム・京都ホームがそれである。一九七九（昭和五四）年には、国で福祉ホームという形で補助事業が始まり、滋賀県では、信楽のこの民間ホームの取り組みを「生活ホーム」として県単独の補助事業（一九八一年～）を始めるなどして、その事業としての枠組みを整えていった。

このような取り組みが全国に広まるなか、国は一九八九（平成元）年からグループホーム事業として国庫補助事業として取り組むようになった。

ホームでの受け止めから見えてきたもの

家庭事情でやむを得ず始まった民間ホームの取り組みであるが、施設にはないさまざまな利点が見られるようになったことも この仕組みが発展することに関係している。池田は、著書『精神薄弱児・者の生きがいを求めて～民間ホームの歩み～』の中で、神山ホームの世話人や利用者の話を受けて以下のように述べている。

「人間が住むということにおいて、静かであることも、この人たちが大人になればなるほど必要であり、よく眠れるということも大切であると解っていながら、大勢の人の住む施設はこのことを忘れるのである。つまり人間らしいくらしのうえにたった住居が忘れられがちである」

また、利用者ばかりでなく町の人たちとの交流からメリットも生まれる。今井ホームの利用者が、町中の銭湯に通うことで町の人たちと裸のつきあいが始まり、草取りや溝掃除など自治会の一員として地域行事に参加することで、職場を超えた日常的なつきあいが生まれることで、この人たちへの偏見がなくなっていく。

信楽が二〇〇名を超える知的障害のある人を広く・深く受け止めている所以《ゆえん》は、施設の取り組みばかりではなく、民間ホームによる取り組みも大きく寄与しているのである。

滋賀県における生活ホーム・グループホームの発展

このように信楽で必要に迫られて始まった施設以外での障害のある人の暮らしの受け止めは、県内各地へ広がっていった。多くは、入所施設が設置運営するホームで、比較的自立度の高い利用者から順にホームを基盤とした地域生活へと移行していく。

一九八〇年代前半には、通所施設や共同作業所でも利用者の保護者が高齢になり本人の介護が困難になったり、病気・入院さらには亡くなるなどして生活の基盤がなくなり、かといって入所施設に空きはなく、どうしようもない状態で、施設長・職員宅での受け止め、そして県の生活ホーム制度を活用してホーム運営に乗り出すところも出始めた。また信楽では通勤寮の運営が始まったのち、信楽での職場適用はできても出身市町村では適した職場がないなどの理由で信楽に職場を持った退所者のためのホームが次々と開設され始める。

入所施設や通勤寮での集団生活から三〜四人を単位としたホームでの移行は、前項で池田が指摘するように、「個人としての暮らしの単位」を獲得することにより生活・情緒の安定など大きなメリットがある。しかし、これまで在宅で、地域で暮らしてきた人がホームへ移行する場合、家族という生活単位からいくら小集団とはいえ、生活スタイルの違う他人との共同生活を送ることの不自由さがある。利用者のすべてではないが、通所施設や共同作業所が運営するホームの難しさがここにある。

甲賀地域では、一九九〇（平成二）年には、石部町（現、湖南市）で入所施設の退所者のためのグループホームが、施設のバックアップによらない地域の人を中心に支援する「運営連絡会方式」で始まる。また、一九九八（平成一〇）年には圏域のサービス調整会議から地域で支える生活ホームの設置・運営を石部町の仕組みを参考にして、サービス調整会議のメンバーによって連絡会を組織して運営を始めるようになる。

その後、運営連絡会方式は母胎をNPO法人化するなど組織と運営を明確化していくようになっている。

これらの変遷を大まかに概観したものが表1である。

〈表1　滋賀県におけるホームの発展経〉

第一期	ホーム黎明期（昭和二〇年〜三〇年代） 制度等により施設での受け止めが困難な人を篤志的な熱意で受け止める。
第二期	入所施設バックアップ期（昭和三〇年代〜五〇年代前半頃） 入所施設・通勤寮から自宅へ戻れない人の退所の受け皿として。
第三期	制度としての萌芽期（昭和五四年〜平成元年頃） 福祉ホーム・生活ホーム・グループホームなどの制度が整えられ、就労自立の暮らしの一つとして発展。また共同作業所・通所施設での運営が始まる。
第四期	制度充実・変革期（平成元年〜現在） 世話人やバックアップ施設の役割の整理、生活ホームのグループホーム化促進。ホームヘルプサービス事業の活性化に伴い重度障害者の利用も始まる。平成一八年、障害者自立支援法による二類型へ整理・変更。

まとめ

滋賀県におけるホームの歴史は、信楽の民間ホームを起点として社会的な背景を反映する形で発展してきた。戦後混乱期から糸賀一雄らが近江学園を開設し、戦災浮浪児とともに障害児の受け止めを始めた取り組みは、子どもたちの成長にあわせて、また障害の状況にあわせて次々と施設を開設していくことになる。その一つとして始まった、就労・自立を目的とした信楽での取り組みから民間ホームが生まれ、そして現在のグループホーム・ケアホームへと発展してきた。

障害のある人の暮らしの課題は、今もなお家族にとって大きな課題である。障害のある人を介護する家族の多くが、親亡き後の不安を口にする。そのために施設は必要であるとの意見も根強い。一方で、誰もが施設での暮らしを望んで入所する訳ではない。

自閉症や重症心身障害のある人のホームでの暮らしも始まっている。制度や仕組みとしての有利・不利は別にすれば、成人した障害のある人の暮らしの選択肢としてホームは認知され始めている。

滋賀県の福祉施設における造形活動について

はじめに

滋賀県における福祉施設での造形活動は、全国的に見ても独創的で多様な魅力を放っている。その始まりは、戦後まもなくという早い時期、大津市南郷に設立された近江学園での障害児者の職業教育である。器作りなどの製品を作る取り組みであったようだが、子どもたちの中には、そのような製品を作ることに興味を抱かず、また職員の指示など受け入れずに、勝手にさまざまな作品を作る子どもがいて、その中に何か意味不明であるが不思議な魅力を放つユニークな作品が発見された。ここに着目した当時の近江学園の職員（糸賀一雄、田村一二、吉永太市《たいち》ら）によって、陶作品（自由陶芸）づくりを主流とした活動が始められた。本稿は、その草創期から近年に至るまでの主だった歴史的経過を振り返ってみる。

近江学園の創設と作陶

一九四六（昭和二一）年に近江学園が設立され、前述した通り、職業訓練として窯業が始まった。翌年には登り窯が作られ、食器などの製品やオブジェのような自由陶芸作品が焼成されるようになった。一九五五（昭和三〇）年には、知的障害者の作品展「全国忘れられた子らの作品展」が、愛知県の松坂屋において開催されている。この展覧会は複数施設の共同展であったらしいが、近江学園から多くの作品が出展されている。初めての単独施設による展覧会は、近江学園が一九五五（昭和三〇）年に滋賀会館で開催した「窯業作品展示即売会」である。この展覧会には、やはり食器などに混じってオブジェも展示されている。このことは、「すべての子どもたちが一様に努力をして作ったものであるので、哲学的には同じ価値を持つ」という発想から、「すべてがいとおしく素晴らしい作品である」という、近江学園の教育のあり方を示しているのであろう。

『美術手帖臨時増刊　ちえのおくれた子らの作品』（美術出版社、1955年）

同年、美術批評誌として著名な『美術手帖』が「ちえのおくれた子らの作品」を臨時増刊し、落穂寮で行われている取り組みや作品を紹介した。これは、施設による陶芸活動が福祉の枠を超え、造形された作品に対する美術的な可能性が提示された最初の出来事といえる。

この頃、当時の前衛作家で、陶芸の世界にオブジェという考えを導入し、新たな造形分野を切り開いた八木一夫（一九一八―七九年）が近江学園に来訪し、施設で暮らす子どもたちと関わることを通して作陶活動を行い、また子どもたちの自由な表現を体験しながら、多くのことを学んでいる。

八木の作品の中に、子どもたちの作品に相通じるものを感じるのは、単に偶然ではなく、その製作現場にいながら、大きな刺激を受けたためであろう。

一九六九（昭和四四）年には、「一麦寮」が大阪の阪神百貨店で施設単独展を開催。あざみ寮・もみじ寮と一麦寮による共同展覧会も開催されている。この後一〇年にわたり毎年のように、これらの施設が合同で、大阪や東京の企業の展示スペースや阪神百貨店で展覧会を開催している。この時期は滋賀県の施設で暮らす知的障害者の作品が広く世間に紹介されていった時期である。陶芸活動と展覧会の開催は、作品を通して、「知的障害」への理解を社会に拡げていく、重要な取り組みの一つであった。

土と色展・あふれる希望の芸術展

一九八〇年代に入ると、滋賀県の造形の代名詞とも言える「土と色展」がスタートする。以降一九九九（平成一一）年まで、二年に一度開催され、一〇回にわたり障害者の作品展が開催された。この「土と色展」は、県内において、障害のある人たちの造形作品が美術館というス

第７回「土と色展」の展示風景（平成５年、会場：京都市美術館、京都新聞社会福祉事業団発行『第７回 土と色 ちえおくれの世界』より）

ペースで大規模に展示された最初の展覧会であり、さまざまなジャンルの方たちが数多く訪れ、高い評価を得た。また、県内施設の合同展ということで、担当職員が集まる機会ともなり、そこでは技術の研鑽や情報交換が行われ、職員間のネットワークが構築されていった。滋賀での造形活動をより活発化させていった意味で、「土と色展」は大きな役割を果たしたと言えるであろう。

翌年の一九八一（昭和五六）年には、第二びわこ学園入所者の戸次《べっき》公明《こうめい》の個展「土のつぶやき展」が、滋賀銀行で開催される。同時期には、一麦寮の吉永太市が、彼らの作品を紹介した「遊戯焼《ゆげやき》」を刊行した。一九九〇年代に入ると「あふれる希望の芸術展」と題して、滋賀県立近代美術館での展覧会を毎年開催するようになり、この頃には、各施設ごとの作品展が、年間一〇〜二〇回開催されるようになった。

新たな評価軸

先に八木一夫が近江学園に来訪と記したが、筆者が勤務していた信楽青年寮でも、似通った現象がおきていた。画家の田島征三との関わりである。彼は三重県四日市にある子ども向けの書店「メリーゴーランド」で、信楽青年寮で暮らす伊藤喜彦の土鈴と出会った。一九八五（昭和六〇）年の出来事である。以来、信楽青年寮と深い関わりを持つこととなり、足繁く東京から通う。

田島征三の知的障害者との関わり方は、アーティスト同士としての対等な絡み方であった。信楽青年寮で障害者が漉《す》いた武骨で凸凹のある和紙に絵を描いたり、彼らと共同でレリーフ陶板画を制作したり、また信楽青年寮で暮らす村田清司《せいじ》と絵本を出版したりした。これらの絵本の一つ『もりへさがしに』（偕成社、一九九一）はボローニア国際児童図書展グラフィック賞とライプチヒ国際図書デザイン賞「もっとも美しい絵本賞」を受賞した。著書『ふしぎのアーティストたち』（労働旬報社、一九九二）の中では、伊藤喜彦の作品について「『鋭さとやさしさ』がにじみ出る作品には、同時に、怒りと愛が混じり合った『毒』が含まれている。これらは独特の力となって、見る人の胸に飛び込んでくるのである。飛び込んで来て、その人の胸にひっかき傷のようなものを残すのであろう。それがなんだか心地良い。傷はよしひこさんの毒によって化膿するからである。」と記述している。

また、一九九一（平成三）年には東京銀座のギャラリーサンヨーで展覧会を開催。田島征三や前衛陶芸家として活躍している鯉江良二《こいえりょうじ》との共同展である。いわゆるアウトサイダーアートとインサイダーアートのコラボレーション展としては、全国的に初めての挑戦であったといえるだろう。障害がある人たちの作品は「障害者」だけのグループ展として行われることが多い。田島や鯉江は共同で行う展覧会を大いに楽しみ、そのつど用意されたコンセプトに沿って、それぞれの作品を出展したり、障害がある人たちが制作する素材にも創作意欲をかきたてられ、多くの作品を共同で生み出している。それぞれの作品にキャプションが準備されたことも大きな出来事だった。一人ひとりを作家として、作品とともに紹介し、その作品の持つ面白さがより伝わるような展示をおこなったのである。これは滋賀県での「土と色展」や「あふれる希望の芸術展」でおこなわれた、作品をひとつの塊として展示した方法とは違っていた。はたよしこ（絵本作家、ボーダレスアート・ミュージアムNO―MAアートディレクター）は「土と色展」や「あふれる希望の芸術展」の展示について「予算の問題もあると思われるが、立体は床に敷物を敷いて並べ、絵画は壁に展示するというやり方である。また、作品一点一点を見せるというより、障害者の表現が持つ全体としてのパワーを見せるという展示の印象が強かった」と指摘している。

ボーダレスアート・ミュージアムの誕生

二〇〇一（平成一三）年、滋賀県社会福祉事業団に企画事業部が設立された。その実施事業

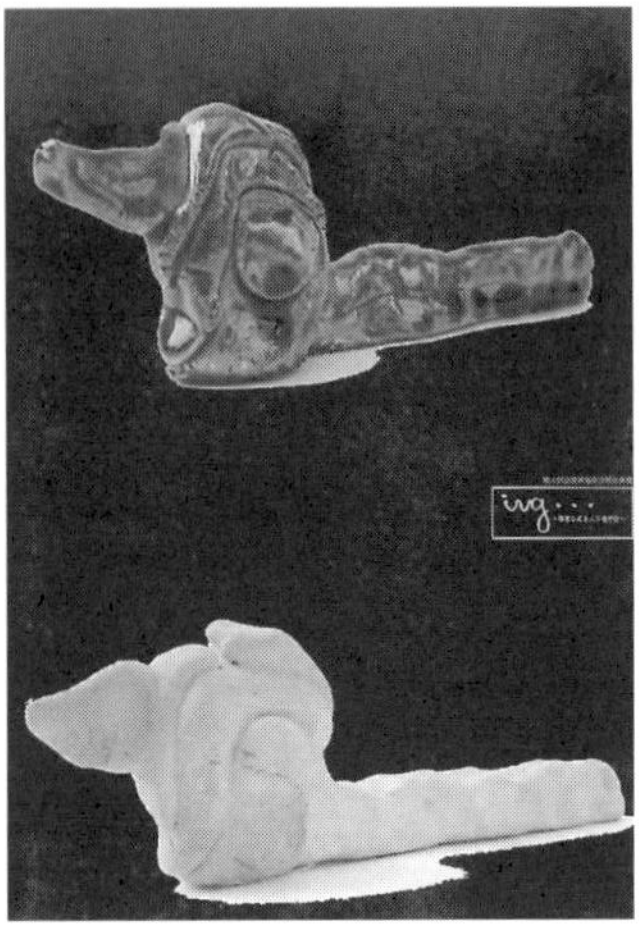

第４回「ing展」チラシ

NO-MA入り口

NO-MA展示スペース

の一環として、障害者の文化活動の支援が掲げられた。作品を常設展示できるスペースが必要と、関係者をはじめとする県民の長年の希望に応えるべく登場した「ボーダレスアート・ミュージアムNO―MA」は、近江八幡市内の重要伝統的建造物群保存地区にある古い町屋を借用し、ギャラリーとしての改装を行い二〇〇四（平成一六）年にスタートした。全国でも他に例のない公的な運営の展示スペースであり、二〇〇四（平成一六）年七月に開催した開設記念展から多くの話題を集めた。その後、民間助成の支援を受けながら、年に二〜三本の企画展を行ってきている。

　また、滋賀県内の施設が合同で実施する展覧会も、毎年、行うよう計画が提案された。気がつくと、多くの施設や作業所に大学で美術を学んだ人たちが就職をし、造形活動の支援者として活躍していた。これまでの長い取り組みが、このような状況を導いてきたことは明らかであるが、障害がある人の作品の魅力それ自体が、人々を呼び寄せたこともまた事実である。

陶芸や絵画などの作品に加えて、これまでとはまったく異なった視点を持った作品も発表され、違った座標での滋賀の底深さを見せつけている。「ing展」と名付けられた合同展がその例である。「長い歴史がある滋賀県の創作活動だが、それに捕われるのではなく、とにかく今の形を見てもらう、ということでいけば良いではないか」。様々な方向性への思考錯誤の末、顧問役の井上正隆（前、もみじ寮施設長）が語った言葉である。

おわりに

滋賀県での福祉施設における造形活動について、その経緯を時間軸で記述してきた。他県に類を見ない半世紀に及ぶ取り組みは、当然のように時代と共に、その活動の方法や考え方が、少しずつ変化してきた。滋賀の取り組みが全国に波及し、障害がある人の造形活動が拡がってきたことも、指摘しておかなければならない。障害者への理解のための活動から、作品の芸術性への着目へと移行していることも、時代が大きく変わってきたことだと考えられる。

二〇〇八（平成二〇）年二月～八月に、スイスにある「コレクション・デュ・アールブリュット」（美術館）とのコラボレーションによる展覧会が行われることも、作品のクオリティーの高さが世界で評価された出来事である。

今後は、これらの歴史的事実の検証と整理をさらに行わなければならないが、作品の収集と保存の取り組みは、滋賀県のみならず全国的な課題である。とりわけ長い歴史を持つ滋賀県では、そのことが重要となることは言うまでもない。

参考・引用した文献

はたよしこ「ポスト『土と色』時代（二〇〇〇年~現代）」『ポーラ美術振興財団 報告書』（二〇〇七年）
しがらき会信楽青年寮編『信楽青年寮誌　第三刊』（一九九四年）
『美術手帖　臨時増刊号　ちえのおくれた子らの作品』（美術出版社、一九五五年）

今日の滋賀の福祉の状況

滋賀県社会福祉協議会　副会長
嶋川　尚

若手厚生官僚と福祉行政
――障害福祉施策を中心に――

若手キャリアと糸賀一雄の出会い

社会福祉は、まず実践があり、その実践を支えるため政策（施策）化され、同時に理論化されるという関係性を持っているといわれる。

この政策（施策）化に大きくかかわってきている人として、その時代時代に、滋賀県の社会福祉を担当する課長として赴任して、滋賀の福祉実践を支えてきた、厚生労働省の若手キャリア官僚が多くいる。

国家公務員上級職として採用され、霞ヶ関にある厚生省（厚生労働省）を中心に官僚として一〇年前後の経験をつんだ後、県の課長として二、三年間地方行政を経験する人たちの一人に山崎圭《けい》（元環境庁事務次官）がいる。

山崎は一九六一（昭和三六）年一〇月、厚生省大臣官房総務課から滋賀県厚生部婦人児童課長として赴任し、一九六五（昭和四〇）年三月までの三年六か月、婦人児童課長、福祉課長を経験する。

山崎は厚生省では国民年金制度の創設にかかわっており、その時の上司である小山進次郎年金局長から、滋賀県に一人だけ信頼できる人がいるからその人に紹介状を書いてあげるといい、渡されたのが、糸賀一雄への紹介状であった。山崎は、近江学園を所管する立場の婦人児童課長であるため、必ずしも必要とするものでもなかったが、後日、糸賀に対面したときに、その紹介状を渡している。

小山進次郎は一九四八（昭和二三）年五月から一九五一（昭和二六）年七月まで、社会局保護課長として生活保護制度の創設にかかわり、現在も生活保護の実務者にとってバイブルとも言える九四二ページに及ぶ大書『改訂増補　生活保護法の解釈と運用』（中央社会福祉協議会、一九五一年）の著者としても有名で、一九六五（昭和四〇）年六月保険局長を最後に退官している。

小山は一九四四（昭和一九）年八月から一〇か月間、内務省から滋賀県の特高課長として赴任しており、この時期、秘書課長、経済統制課長であった糸賀と懇意になり、その後も交流が続くこととなる。

さて、山崎は着任早々の日曜日、近江、信楽、落穂、あざみ、一麦の県内知的障害児施設の合同運動会に参列し、そこで初めて糸賀に出会う。小山からの紹介状を渡すと同時に、第一印象として「顔は黒いが、眼は優しいな」と思ったという。

初仕事は焼失した園舎の補助金確保

山崎の最初の仕事は、一九六一（昭和三六）年一月の火災で焼失した、近江学園の一麦荘と校舎の再建であり、びわこ学園創設の支援であった。

山崎は、着任早々、一麦荘復旧のため厚生省に補助金を要請すると同時に再建のための予算化に奔走する。

と、同時にびわこ学園創設計画が具体化されてきている中で、山崎は糸賀と頻繁に相談に乗ることになる。

山崎は、「重症児対策。施設の不足と不十分な受け入れ態勢が、重症心身障害児にとって在来施設は閉ざされているのと同じでした。しかもそれまでの分類収容は、重複障害を行政として取り上げる措置費の体系を欠いていました。単にお金の問題ではなく、行政の軌道に乗せることが大切」との思いから、わがことのように厚生省などに折衝するうちに、完全に糸賀のとりこになってしまう。

厚生省は一九六三（昭和三八）年七月「重症心身障害児の療育について」の通知を出し、それまでの福祉としての措置費にプラスして、医師や看護師などの医療関係者の人件費についても財政的に支援する仕組みを作る。

糸賀は、健常児と障害児を問わず、その要する時間の長短の違いはあっても、基本的に同じ過程をたどるなかで発達する。それを児童福祉法の体系の中で国に施策化させようとした。一九六二（昭和三七）年に「発達保障」という用語を使うようになった背景として、山崎は「昭和三六年、医療、年金を国民に保障する制度として、国民皆年金皆保険がはじまり、社会保障という言葉が定着する時代となってきた。それに対して糸賀さんは、発達保障といい出した。社会保障、社会保障といっても、子どもの発達、これを保障しないでは保障にならない。どんな知恵遅れの子どもたちだって発達はある。発達が遅いか、あるいは熟さないか。それだけのことである。人間的な意味で尊さというのは、変わらないものである。それを保障しないといけないのではないか」とも述べている。

山崎が厚生省に復帰後、一九六五（昭和四〇）年四月から一九六七（昭和四二）年三月まで藤田恒雄（元社会保障制度審議会事務局長）、一九六七（昭和四五）年四月から一九七〇（昭和四五）年三月まで木戸修（元援護局長）、一九七〇年四月から一九七一（昭和四六）年三月岸本正裕（元援護局長）が福祉課長として就任する。

びわこ学園腰痛問題と課長の奔走

一九七三（昭和四八）年四月に赴任した佐野利昭は、岡崎英彦追想集『人と仕事』で、「私は滋賀県厚生部婦人児童課長を命ぜられ、夢と希望に燃えて大津に赴任した。この時すでにびわこ学園は、職員の腰痛問題や入所児童の処遇改善問題等をめぐって火を吹いており、国会議員団による調査等国政レベルでの問題となっていた。従って、県課長としての私の最初の仕事は、びわこ学園問題の収拾であった」と述べている。一九六三（昭和三八）年四月に開設した当時、七、八歳であった入所児童が一〇年後には、身長、体重は大人並みに成長し、介護負担で腰痛症など職業病としての労災問題等を発生せしめた。「児童の退園をめぐって連日のように施設職員や保護者達が県への陳情活動を展開し、国の財政支援に加えて県独自のびわこ学園の支援策をめぐる声は日に日に強まっていったが、県としての対応には大きな制約があった。それは、びわこ学園入所児童のうち滋賀県出身者はわずか三分の一にすぎず、残る三分の二は、大阪、京都をはじめ十六府県、市に及んでいた。このため、県上層部には、『滋賀県民については何とでもしよう。しかし、他府県民のことで文句を言われるのは心外だ』という感情的反発があった」と述べている

今日ではそれぞれの府県の施設において重症児を受け入れているのが当たり前となっているが、当時のびわこ学園は東の島田療育園（東京都）に対して、西の重症児施設として西日本各府県から入所児童を受け入れていた。そのため、「私は若さ故の暴走に近かったが、特に知事の了解を得て、①県独自の財政支出の拡大、②借金返済財源への特別融資、③施設、設備の改善整備への支援、④職員募集活動への支援、等を柱とする特別対策を実施することとし、一県の課長の分際で関係十六府県課長会議を招集して各自治体の協力を要請」するなど、佐野は精力的に取り組むことになった。

楽々は実に至らず

今日では「バリアフリー」、「ユニバーサルデザイン」という言葉は日常化し、障害を持つ持たないにかかわらずすべての人々が住みやすい社会づくりが行われているが、三〇年前に、武村正義知事名による寄稿文「障害者の環境づくり」（『厚生福祉』時事通信社、一九七七年一月）を、知事のつもりで、しかし担当課長としての自分の思いを込め下書きし、無修正で掲載されたのが、一九七五（昭和五〇）年四月に婦人児童課長として赴任した佐々木典夫《ふみお》（元社会保険庁長官）の次の文章である。

最近、相当数の自治体において、障害者の生活圏の拡大、住みよい環境づくりをめざした種々の取り組みがなされつつある。滋賀県においても遅ればせながら県庁本館の正面玄関にスロープをつくったのを機会に、障害者の利用をも考慮した生活環境づくりの検討を進めることにした。二年前にできた新館庁舎の玄関には、すでにスロープがつき、車いすが配置されているので、まず、その利用状況をきいてみると、利用者はごく限られた人だけとのことである。

その理由は、県庁玄関の一部にスロープ等が整備されていることはほとんど知られていない、障害者の方々がこれを知っても家から県庁までの駅や道路が無事に通れる仕組みになっていない、またこれまでの生活体験からそもそも外出は不可能とあきらめてしまっている、などである。

こうしてみると、障害者の環境づくりを進めるにあたっては、障害者の現在の使用が少ないから消極的にではなく、「供給することによって需要が出てくる」という考え方を基本にすることが大切ではないかと思う。この障害者の環境づくりは、これまで健常者にしか使えなかった生活環境をすべての人々が利用できるようにするということであって、「障害があるからといって人としての通常の生活が否定されないようにする」という障害福祉の理念からすれば、当然の要請であろう。

この当然の課題も各論になると難しい問題が多く、腰をおちつけた取り組みがいるようである。一口に障害者といっても障害の種類、程度はまちまちであり、それぞれに対応しうる方策が必要である。先の県庁の玄関のスロープの整備についても、実際に障害者の利用に供してみると、もっとこうしたほうが良かったという声も出てきて、利用する障害者自身の意見をよく聴くことの重要さが痛感された。また、ある建物を車いすが利用できるように改造したとしても、これに玄関への入り口、車・歩道用の段差、専用駐車場等々が続く必要があり、部分的な改造では効果の薄いものとなってしまう。

したがって、総合的な一貫した環境に整備が必要なわけであるが、既存の公共施設の改造整備については、現実問題として容易ではなく、また技術面からも限界がある場合も出てくる。このためどうしても残る建築上の障害については、周囲の人々の思いやりによって克服し、補っていくことが必要であり、大切である。「障害者の街づくりは地域ぐるみで」と強調されるゆえんである。

障害者の環境づくりという大きな目標に向かっては、やらなければならないことは多く、とくに「こころ」の問題が大切になるが、物的な面での必要な条件づくりは、できるところから着実に進めることが必要である。本県としても県の出先機関等から計画的に整備を行うとともに、県以外の公共的施設についても、関係者の参加、協力を得て粘り強く取り組みを進めていきたいと思う。

また、佐々木は、田村一二からもらった言葉、「力をつけるには力を出せ——筋肉と同じで、力は出す程に付くもの」「断るな。出会った仕事はその時の全力を尽くせ」「消極になるな。楽々は実に至らず」を処世の言葉として大事にしており、「我が人生の師」ともしてきている。

地域と共にある福祉施策の展開

佐々木の後に、一九七八（昭和五三）年四月から婦人児童課長として赴任した伊原正躬《まさみ》（元宮内庁審議官）は、障害福祉担当課長として、県の施策の方向等について、一九七九年一月「障害者対策と地域福祉」と題する寄稿を『厚生福祉』（時事通信社）にしている。

滋賀県では、知事の掲げる「草の根県政」という方針の下に、福祉行政について住民参加に支えられた地域福祉活動を政策の重点としている。このため、県行政は地域福祉活動の基盤となる、たとえば草の根広場や草の根ハウスなどの整備や組織の強化を進めるとともに、知事自身が県民との対話を積極的に進め、地域福祉活動と行政は、かってなく接近したものとなっている。

地域福祉といっても本県では、中央に琵琶湖をはさみ西と東により事情を異にし、また、人口流出のため過疎化した湖北地区と、京阪神のベッドタウン化する湖南地区では逆のニーズをかかえている。このため、本県での地域福祉活動が行政の期待するように進んでいるわけではなく、また、行政主導によるお仕着せの活動を進めれば、それが地域福祉につながるというものではない。しかし、福祉行政とりわけ心身障害児者行政における地域福祉活動をいかに促進するかは当面の懸案である。一般に重度、重症化する障害者対策もさることながら、中軽度者を含め障害を持つ人々を地域でケアすることができるか、また、このため必要な施策は何かが問題となる。

本県では、過去一〇年以上にわたり地域で障害者を受け止めてきたグループホームや共同作業所に大きな評価が寄せられるようになっている。特に、池田太郎が中心となり推進してきた「信楽町における窯業に携わる障害者のための民間ホーム」の成功は、従来の福祉施設に見られない新しい方向を示したものとして注目されている。今後、地域福祉を進めるうえで、これらの新しい施設及び職親、里親制度等の活用を視野に入れ、在来の施設と施策の体系につき検討が急がれるところである。この問題は、現在、県において論議されている福祉トータルプランのうえでも最大の焦点となろう。ちなみに、昨年末、中央児童福祉審議会が提出した意見書で総合的な地域福祉活動を推進することの重要性が強調され、また、厚生省の来年度予算に福祉ホームへの補助制度の創設が含まれたことは、関係者を大いに勇気づけるところである。

伊原が述べるように、県が市町村とともに単独で一九七八（昭和五三）年度から始めた「心身障害者共同作業所」への助成は、これまで社会福祉法人に限定していた公費助成を、無認可作業所といわれる任意団体にも拡大したことからもわかるとおり、幅広い関係者の事業参加を求めることで、地域の理解も得ながら、戦略的に展開してきていることが読み取れる。

一九八〇（昭和五五）〜八二年社会福祉課長辻哲夫（前、厚生労働事務次官）、一九八三年社会福祉課長・八四年福祉高年課長吉武民樹（現、財団法人児童育成会理事長）、一九八五〜八六年福祉高年課長冨澤正夫（現、財団法人麻薬・覚せい剤乱用防止センター専務理事）、一九八七〜八九年福祉高年課長薄井康紀《やすのり》（現、厚生労働省政策統括官）は、障害福祉を直接担当するのでなく、部内を調整する立場からそれぞれの役割を担った。

住みよい福祉のまちづくり

一九九〇（平成二）年四月障害福祉課長に赴任した西山裕《ゆたか》（現、企業年金連合会企画振興部長）は、心身障害児者の地域療育の空白地域ともいえる湖北地域の各市町長に働きかけ、第二びわこ学園を受託者とする療育事業の立ち上げ、また、企業OBをワークアドバイザーとして採用し、共同作業所からのきめ細かな相談や官公庁あるいは各方面からの需要に対応できるよう、業務能率の向上や自主製品、下請け製品の開発の指導援助、さらに民間企業への働きかけの仕組みづくりなどに取り組む。

一九九三（平成五）年四月、西山の後任として赴任した大澤範恭《のりやす》（現、老健局介護保険課長）は、滋賀県障害者対策新長期構想策定に着手すると共に、すべての県民が自らの意思で自由に行動でき、社会参加できることなど総合的な施策を講じるための「住みよい福祉のまちづくり条例」策定に向けた実務責任者として係わり、翌九四年四月社会福祉課長に異動するも、このまちづくり条例制定の実務責任者を引き続き担当し、障害者や高齢者だけでなく妊産婦などにも配慮した条例づくりや関連環境整備に尽力する。

この「総合的な施策」を構成する分野別施策を、

一、県民が高齢者、障害者等についての理解を深めるための学校、職場、地域社会等において学習する機会としての充実を図る福祉教育及びノーマライゼイションの理念が具体化された社会実現するための啓発活動の推進

二、高齢者、障害者等の行動範囲の拡大のためターミナル駅の整備や周辺施設との一体的整備や底床式バス、リフト付きバスや車両の改善による安全かつ快適な利用を図るための移動・交通対策の推進および不特定多数利用する公共的施設等をバリアフリーの生活空間として整備促進

三、県民が自ら進んで、近隣住民による助け合い活動やボランティア活動へ参加できるための活動情報の提供及び養成研修の実施

四、視聴覚機能に障害を持つ人にとってのコミュニケーションの充実は、社会生活を送る上で極めて重要であり、今後の情報化時代に向けた取り組みの充実

五、住宅は、生活における基本との認識に立って、住宅のバリアフリーを進めるとともに介護負担の軽減と自立生活の支援、高齢者向けのサービスを付加した住宅の供給促進

と、基本的事項を明確にし、これを推進するための推進体制の整備、さらに財政上の措置を講じる規定も明確にした。

障害者の共同作業から就労支援へ

一九九五（平成七）年四月障害福祉課長として赴任した吉岡てつを（現、社会保険庁運営部管理官）は、近江学園五〇周年記念事業としての糸賀一雄記念賞の創設、障害者の芸術文化を支援する障害者アート・フェスティバル・イン滋賀を開催するなど、國松善次知事の提唱する

「滋賀発」の新たな施策を展開する一方、人口比では全国一の設置数となった障害者共同作業所での障害者の処遇や事業運営などの質的な面における新たな課題に対して総合的な検討に着手する。

一九九六（平成八）年五月学識経験者、施設関係者、商工関係者、福祉団体関係者で構成する「共同作業所等のあり方に関する検討委員会」を設置し、「今後の共同作業所等のあり方について」（中間報告）のまとめをリードする。

この中間報告では、共同作業所に対する障害者のニーズは、①事業所としての就労形態の中で、比較的高い賃金を求めるもの、②障害者の社会的自立に必要な生活・作業に係る指導・訓練を求めるもの、③障害者の社会参加や生きがいづくり等の活動の場を求めるもの、に大別できるとし、その機能を、

一、障害者の就労の場を重視し、比較的高い収益を目指す就労の場を提供する「事業所型」

二、障害者の社会的自立に必要な生活指導、作業指導等と福祉的就労の場を提供する「授産型」

三、障害者の社会参加や生きがいの創造を重視し、重度の障害者に適した活動の場を提供する「創作・軽作業型」

四、授産型と創作・軽作業型をあわせた機能を提供する「総合型」

の四区分として、八回の検討を経て、翌九七年三月、滋賀県障害者施策推進協議会に報告書と

して提出する。

その後、県ではこの中間報告に検討を加え、一九九八（平成一〇）年五月に「障害者共同作業所および授産施設振興指針」が策定され、その中で、機能強化型共同作業所が提案されるとともに、二〇〇〇（平成一二）年度から、具体的な補助制度として「機能強化型共同作業所（事業所型、創作・軽作業所型）」がスタートする。

さらに、吉岡は二四時間対応型在宅福祉サービスのモデル事業の創設にも取り組む。

二〇〇〇年四月に赴任した長田浩志《ちょうだひろし》（現、内閣官房行政改革推進室企画官）は、二〇〇〇、〇一年度は児童家庭課長、〇二年度は健康福祉政策課長として少子化対策、児童虐待防止対策、部内調整等に取り組む。

二〇〇三（平成一五）～〇五年度の三年間障害者自立支援課長を務めた川野宇宏《たかひろ》（現、厚生労働省雇用均等・児童家庭局総務課課長補佐）は、二〇〇三年度から導入されたさまざまなサービスを障害者自らが選択し、決定することが可能となった支援費制度の下、障害のある人の選択と自己決定の実現のため、月単位での施設サービスの利用を一日単位でも可能にする、また日中活動の場と夜間の居住の場に分けての利用を可能にする「選べる福祉サービス滋賀特区」を二〇〇四年一〇月からスタートさせる。

また、これまで取り組まれてきた障害者の就労支援をさらに積極的に展開するため、二〇〇四年六月、滋賀県障害者施策推進協議会のもとに、学識経験者、福祉就労関係者、行政関係者、企業関係者、当事者団体関係者などで構成する「障害者の就労支援に関する検討委員会」を立ち上げ、①地域における就労支援、②新たな雇用の創出、③共同作業所体系の見直し、の三本柱を中心とする「障害者の就労支援に関する今後の方向性―共に働き、共に暮らす「滋賀モデル」の創造―」を同年一二月に報告をするにあたって、関係者の調整等精力的に取り組む。

西南学院大学（福岡県）の野口幸弘教授は、「滋賀県の障害者福祉は、中央（国）の情報ときっちりタイアップしているように思う。例えば、私の県の場合、誰かがリーダーに就いたら、まとまれるかもしれないが、県全体で取り組もうとする力は弱い。それに対して滋賀は、県なら県の、市なら市の情報が、トップを含めて共有していることがうかがわれる。これは凄いことです」と評価する。

福祉施策の担い手である若手キャリア官僚が、地方行政を経験することで、利用者の思い、願いや、第一線で活躍する実践家との交流、情報収集など、霞ヶ関では経験のできない経験をする。同時に、県行政の中堅幹部として、県民の福祉向上のため、清新な発想の下、県民福祉の向上のため、四十余年にわたり、代々の課長が精力的にその中心の任務を果たしてきた。また、その周りには、課長をリードした代々の知事や部長、さらに課長を支えた福祉関係団体のリーダーや部下の職員等々がいる。

このように、滋賀の福祉が延々と継続する一つの仕組みとして、若手キャリア官僚が、市町村や施設現場に直接飛び込み、現場から学び、それを県の制度、施策とつなぎ、国の福祉施策として政策化するということを、代々引き継いできている。

参考・引用した文献

岡崎英彦追想集『人と仕事』（医療図書出版社、一九八九）
佐々木典夫著『私の厚生行政』（中央法規出版、二〇〇四）
伊原正躬著『ハーフ＆ハーフ』（竹林館、二〇〇六）

県民と行政のパートナーシップ

県民が声を上げ行政が支えた「抱きしめてＢＩＷＡＫＯ」

稀有壮大な発想

一九八七（昭和六二）年五月六日、かつて「琵琶湖の女王」と呼ばれ湖上の花形だった観光船「はり丸」は、「ミシガン」に取って代わられ六年前に引退し、浜大津港に県観光物産船として静かに係留されていた。その「はり丸」船上が、一躍脚光を浴びた。

池田太郎、田村一二、諏訪《すわ》三郎県社会福祉協議会会長、守田厚子県母子福祉のぞみ会会長、廣《ひろ》野《の》寛《ゆたか》滋賀銀行会長ら一七名を発起人とする実行委員会は、琵琶湖のまわり約二五〇キロメートルを人間一人ひとりが手をつなぎあって「輪」を作ろう、約二五万人の手で湖をそっくりそのまま抱きしめようという、とてつもないイベント「抱きしめてＢＩＷＡＫＯ」の構想を発表した。

これまで数知れぬ生命を育んできた水、生命の源泉である水を豊かにたたえる琵琶湖を抱きしめることで「いのち」を抱きしめよう。琵琶湖とじかに向かいあうことで、自然と人間のありようをもう一度問いかえしたい。重い障害を持った子どもたちの「いのち」、このいのちが、「いのちの母　琵琶湖」につながると、発表された趣意書は、「琵琶湖を抱きしめることは、そこにある『いのち』を抱きしめることでもあります。『いのち』は、ありとあらゆるものに宿り、互いに他の『いのち』を必要としています」、「琵琶湖を抱きしめるには、二五万人の手が必要です。どんなかたちでも結構です。一人ひとりの自発的な参加が、私たちの生活や福祉を問う試みです」と呼びかけ、実際に一一月八日正午を期して一分間、参加費一〇〇〇円で琵琶湖を抱きしめる計画である。その収益金は、重症心身障害児施設「びわこ学園」の改築移転にともなう自己資金の一部の費用として贈られる。

参考とされたのは、一九八五年五月、アメリカの家なき人々に家を贈ろうと催されたイベント「ハンズ・アクロス・アメリカ」である。四〇〇〇万人もの人々が参加し、大西洋岸から太平洋岸まで人間の鎖がアメリカ大陸を横断、五〇〇〇万ドルの募金が集まった。

はり丸に事務所を置き、民間人の力でこのイベントを成功させようと取り組みが始まり、参加者の募集も始まったが、あまりにも構想が大きく、全国からも数多く賛同する人たちはあるものの、活動を始めて一か月後の六月六日時点で参加申込者数二万三〇〇〇人。宣伝のためのチラシ・ポスターの作成を始めるとともに、六月一六日の拡大連絡会議で、これまで民間の手で実現をするとして運動をしてきたが、行政にも働きかけ、組織化する必要があるのではないかとの意見や、依然として具体的取り組みができないままに日時が経過する中、南湖（琵琶湖大橋より南）を中心に参加人数を七万人に縮小する意見も出始める。

強力な助っ人現れる

七月に入り、事務局体制を強化するとともに、県や市町村に対して後援の要請が開始される。

この企画を失敗させてはならない、成功させなければならないと思っていた稲葉稔《みのる》知事は、複数の関係者に事務局をリードする協力を要請したが、あまりにも大きな企画であり、短期日の準備期間しかないため、誰も引き受けようとはしない。その中で、知事は、福祉にはまったくかかわったことのない細谷卓爾《たくじ》湖南生協理事長に協力を強く要請する。これまで労働組合運動や琵琶湖富栄養化《ふえいようか》防止条例（せっけん条例）をリードしてきた細谷は、知事の要請を受けることを決意する。

細谷は、生協組合員一万人、せっけん条例を期に大きなパイプを持つこととなった県漁業協同組合員一万人、さらに県労働者福祉対策協議会の組合員五万人の協力を得られるだけの組織動員力を持っていた。これら関係者の協力を取り付けるとともに具体的な改善案を提案すると同時に、事務局をのぞいた細谷は、福祉関係者の「天動説」とも言える声に接し、これを払拭《ふっしょく》させる必要を直感する。「折角の日曜日に家族そろって、わざわざ琵琶湖に出て、かつ一〇〇〇円を払って手をつなぐということは大変なことである。自分たちはいいことをしているのだから、周囲の人たちは協力してくれるのは当たり前であると認識することと、大変であると認識することには大きな開きがある」と考えた細谷は、天動説的な運動の組み立てでは、人々の協力は得られないと事務局スタッフに注意を促した。

1987.11.8「抱きしめてBIWAKO」公式ポスター

具体的に示した改善策の一つが、「つるさんかめさんありがとう作戦」であり、一キロ（一〇〇〇メートル）ごとのリーダーを「鶴さん（鶴は千年）」、一〇〇メートル（一万センチ）ごとのリーダーを「亀さん（亀は万年）、さらに最低限一〇人のグループを「蟻《あり》が一〇《とう》」と定め、まず可能な地点から責任者を配置し、そこから次の地点に人のつながりを伸ばしていくという動員目標である。

実行委員会はただちにその提案を受け入れ、七月二一日、細谷は事務総長に就任する。前後して国鉄から四月に民営化されたばかりのJR西日本の有志から「抱きしめてBIWAKO」号の企画が持ち込まれ、キャンペーンポスターの原画制作を米原市出身でアメリカ在住の美術家ヒロ・ヤマガタ（山形博導《ひろみち》）に依頼することが決定された。

このように具体的な取り組みが企画されることで事務局も活気がではじめ、事務局をサポートしようとするボランティアも日々増加していった。また、新聞やテレビなどマスコミによる「抱きしめてBIWAKO」の露出も急速に増え、各地の取り組みが報道されるようになる。

鶴さん亀さん動き出す

県でも、八月七日付け滋賀県厚生部長通知を県庁各部、各課、地方機関の長あてに出し、抱きしめてBIWAKOの趣旨の理解と支援を要請する。

実行委員会でも、市町村、市町村教育委員会、市町村社会福祉協議会などに後援の依頼を働きかける。

一一月八日の当日には、琵琶湖の湖岸に沿って一〇〇メートルごとに二五〇〇本の案内ポイントを立てることにし、そこに参加者を貼り付けていくことが決定された。

実際に湖岸線を歩いてポイントの地図を作成する作業を担当したのが、戸田岸敏則《とだぎし》である。戸田岸は実際に琵琶湖岸を周ってみて、琵琶湖の水辺というのはなかなか近付きにくい、水際に立って湖を眺められるところは限られた場所しかないことをあらためて実感する。琵琶湖に注ぐ河口などの自然地形による制約とともに、人の立てる水辺がなかったり、琵琶湖の眺望は素晴らしいが湖岸の道路に歩道が整備されておらず車道に並ぶのは危険すぎるといった理由で、どうしても人を配置することが困難な地点がいくつか出てきた。そこで、このような場所は、当日は参加できない人にハガキでメッセージを寄せてもらい、抱きしめる輪に加わってもらうメッセージ参加ゾーンとすることにした。実際にそこに近づこうとすると、コンクリートの壁で人をこばむ形で湖岸の開発が行われていることも確認する作業となった。

県労働者福祉対策協議会が福祉メーデーと銘打って参加をする、湖南生協が生協まつりを開催するなど、タイアップ事業の発表もされ始め、また、さだまさしコンサートの企画、祈りのゾーン新設など、当日の形が見え始める中、参加申し込みが急速に増加を始め、九月一四日時点の参加申込者は、一一万五〇〇〇人となる。

九月一七日、実行委員会を推進委員会に昇格させ、発足総会に二〇〇団体余り、約三〇〇人が出席する。稲葉知事も来賓として出席し、

「最初にこの話を聞いたとき正直言って本当にできるかなと一瞬思った。しかし、人の生命を育むびわ湖と人間のいのちを大切にしている施設とは、いのちの尊厳、大切さを考え直す点で深くつながっている。

滋賀県は水と緑に恵まれた豊かな自然の中で、子どもも高齢者もすべての人々が安心して暮らせる湖の理想郷『レイカディア』をつくろうというまちづくりを進めている。

その意味でもこのイベントは、これからの新しい福祉社会を作っていく一つの大きなスタートになるものと確信している。一一月八日はできるだけたくさんの人々が心と心をつなぐ『抱きしめてBIWAKO』に参加いただき、ぜひ大成功させてほしい。私も精一杯応援したい」

と激励する。

推進委員会総会は、滋賀県内五〇市町村中、琵琶湖に面する二一市町に地区推進委員会を設置し、市町村行政との連携を強化していく。手をつなぐことの可能な一八〇ポイントの核づくりが進む一方、湖岸が崖《がけ》だったり、道路の交通量が多く危険な約七〇キロの区間では、信楽焼

きのタヌキにメッセージを添えて立てたり、漁船を出して湖上での橋渡しなどをすることが決まる。宗派を越えて集う特別ゾーン「祈りのゾーン」の設置なども決定される。これら企画や各地の取り組み状況はマスメディアの協力のもと、連日報道されるようになり、機運は一気に盛り上がっていった。

琵琶湖周辺は人の輪でつながる

一一月八日の琵琶湖周辺は、比叡《ひえい》、比良《ひら》おろしの冷たい強風が吹き肌寒かったが、雲の切れ間から日ものぞく、まずまずの日よりとなった。

正午、湖国中の寺院や教会の鐘の音を合図に、左右に手を広げ、がっちり握手する、かって例のない壮大なシーンが、二二万三〇〇〇人の参加のもと琵琶湖に実現した。参加費のみ納入した人二万人、メッセージ参加者三万一〇〇〇人を含むと二六万四〇〇〇人が琵琶湖を取り巻いた。

マキノ町（現、高島市）知内浜《ちないはま》は「ライダーワールド」となった。県内や大阪、京都、兵庫、愛知など五〇団体九〇〇台のオートバイ愛好者が集まり、正午に県道海津《かいづ》今津線二・六キロのバイクチェーンを結んだ。仕掛け人の一人シンセサイザー奏者矢吹紫帆《やぶきしほ》さんのライブコンサートにつづいて、ライダーグッズのオークションなど盛りだくさんなイベントが、地元の人たちも繰り出して行われた。

祈りのゾーン（志賀町近江舞子付近）

ライダーワールド（マキノ町知内浜）

志賀町（現、大津市）近江舞子付近は「祈りのゾーン」となり、仏教、カトリック、神道、そして新宗教の各団体代表者二〇人が教義の違いを越えて手をつなぐ。それに幼稚園児や関係者を含むと三〇〇〇人が参加した。その中には、九二歳になる山田恵諦《えたい》天台座主《ざす》、古屋義之《よしゆき》カトリック京都区司教もいた。

山田座主は、

「成功して本当によかった。水を見て命を考えようという発想がすばらしかったからでしょう。命のもとである水を、琵琶湖を取り囲んで手を握り合うことによって強く感じることができました。命を考えることで、人は慈愛を知ることになります。手をつなぎながら私は障害児の命を考えていました。いつも比叡山から琵琶湖を眺め、その美しさと水の尊さを思い続けてきましたが、手をつなぐことによっていっそう心が深まりました。そして、命の重さ、大きさ、尊さをしみじみ味わうことができました」

と述べられている。

大津市柳《やな》が崎《さき》・琵琶湖ホテルガーデンテラスは、「国際交流ゾーン」となった。アメリカや中国、イギリス、フィリピン、ザイー

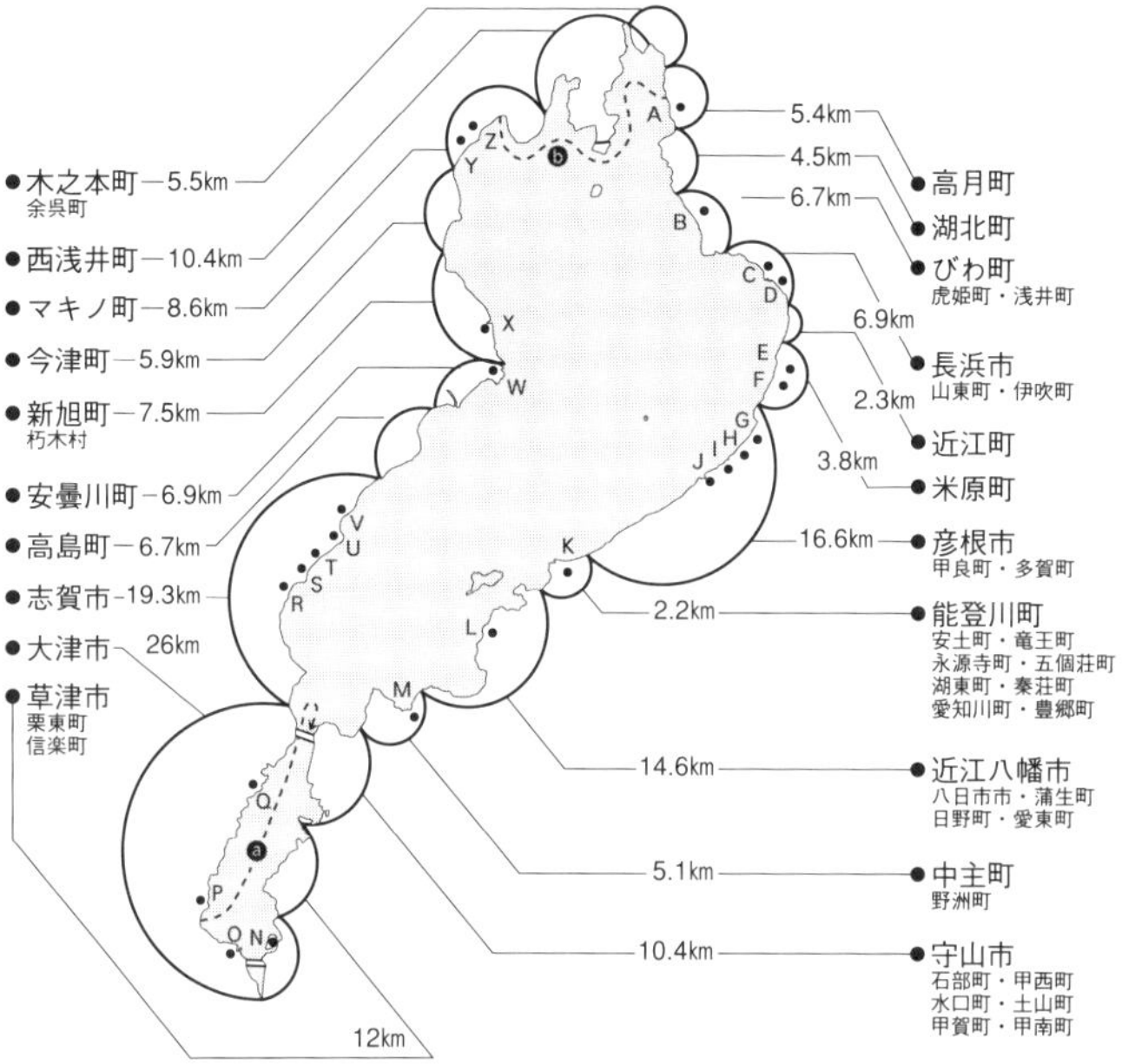

Ⓐふれあいペアマラソン	ⒽJR「ひまわり」号	Ⓞ実施本部	Ⓤ祈りのゾーン
Ⓑ虎姫高校メッセージゾーン	Ⓘフォークコンサート	Ⓟ国際交流ゾーン	Ⓥラジオ大阪ゾーン
Ⓒ「抱きしめてBIWAKO」号	Ⓙ土井 勝 特別講演	ⓐ人と船の交流ゾーン	Ⓦ全町民あるこう会
Ⓓ着物ギャル出迎え	Ⓚ人文字	Ⓠクラシック演奏会	Ⓧ健康マラソン会
ⒺLIVE米原	Ⓛ大凧上げ大会	Ⓡボーイスカウト	Ⓨ矢吹紫帆コンサート
Ⓕ尾崎和行ロックコンサート	Ⓜ綱引き大会	Ⓢ京都ゾーン	Ⓩマキノライダーズワールド
Ⓖフリーマーケット	Ⓝ記念植樹	Ⓣ信楽焼きタヌキゾーン	ⓑ船でつないだ県漁連

関連イベント地図

彦根市湖岸

抱きしめてBIWAKO号

ル、パプアニューギニアなど、一九カ国からの留学生、研修生約三〇〇人をはじめ、家族連れ約三〇〇〇人。会場には、ブラジル滋賀県人会前川芳雄会長の「第二のふるさとより、南十字星を仰ぎながら、壮挙イベントの成功を祈ります」とのメッセージも届けられた。会場では、滋賀朝鮮初中等級学校生らの民族舞踊が演じられ、パプアニューギニアの民謡、アメリカ・オーガスタ大学生の琴演奏など国際色豊かな競演も行われた。

近江八幡運動公園では、琵琶湖に面しない自治体である愛東《あいとう》町（現、東近江市）から参加した「若鮎《わかあゆ》太鼓」が打ち鳴らされ、県の無形文化財にも指定されている八日市市（現、東近江市。やはり琵琶湖には面しない）自慢の八畳敷の大凧が描かれたビワコオオナマズとともに強風を突いて湖岸に舞い上がった。

長浜市の豊《ほう》公園には、京都、大阪など京阪神のふだん電車に乗る機会の少ない車いすの障害者たちと家族約五〇〇人が集まった。特製のオレンジカードを販売して得られた収益金で、ＪＲの「雷鳥」を「抱きしめてＢＩＷＡＫＯ号」として編成した特別列車に乗って来たのである。

膳所公園（大津市）。中央が稲葉稔知事

同じく膳所公園。奥が近江大橋

また、県内の障害者も「ひまわり号」を走らせる滋賀実行委員会による「'87ひまわり号滋賀」が、JR大津駅で障害者やボランティア約六〇〇人を乗せ、JR彦根駅まで走った。彦根駅を降りた障害者たちは、松原水泳場のある湖岸まで歩き手をつないだ。

メイン会場となった大津市の膳所《ぜぜ》公園は、第一びわこ学園の入所者四五人をはじめ、稲葉知事や山田豊三郎大津市長らも参加し、三重四重に連なるおよそ四〇〇〇人の輪で埋まった。

福祉の社会化、社会の福祉化

最も重い障害を持つ子どもたちの命、命の母・琵琶湖を結びつけ、命と自然の大切さをテーマに実施された一大イベントは、関係者の予想を越える共感を得て終わった。最終収支は、収入が参加費九四〇〇万円、企業・団体などの協賛金一七〇〇万円、計一億一二〇〇万円。このうち事務連絡費や各地で行われた手づくりイベント補助金などを除く六五〇〇万円が収益で、六〇〇〇万円が第一びわこ学園、日本重症児福祉協会に五〇〇万円が寄付された。

後日、細谷は、「福祉を行政全体の問題として考えることがない。教育は、環境は、あるいは土木は福祉をどう切るかという発想がない。労働組合は今度、このイベントを『福祉メーデー』と位置付けてやりました。これまでメーデー規模の動員を『福祉』という切り口で行ったのは初めてです。今の社会はそれができる状況にあります。

このイベントは、私の言葉でいえば、『福祉の社会化』であったといえます。社会化といっても二つあって、一つは福祉にかかわっていた人が社会化したこと。福祉だけではないが、善意の運動をやっている人たちは、社会化が不得意です。自分の穴を掘っていけば社会も自ずと変わると思いがちです。今回は福祉にかかわっている人たち自らが変わった。それから他の一つは、福祉を取り巻く私たちが、福祉は他人事であると思いがちであったものが、自らの問題として係わることにより、少し理解が深まった。水位が平準化したように思います。福祉の社会化であり、社会が福祉化される。その第一歩であったといえます」と述べている。

このようにして、多くの人が連帯した大イベント「抱きしめてBIWAKO」は終わった。

参考・引用した文献
「抱きしめてBIWAKO」報告集編集委員会編『11月8日みんなやさしくなった』(草風館、一九八八)
市民と自治研究センター編『月間ピープルプレス』昭和六二年一〇月号・一二月号(一九八七年)

県民と行政のパートナーシップ

行政施策を県民も共に取り組んだ「光の中に子供たちがいる」

障害児の発達をカメラが追う

一九七三（昭和四八）年四月、滋賀県における福祉圏構想のきっかけともなる、全国で最初の自治体として、障害を持つ子どもの幼稚園、保育園への全入制度が、大津市で施行された。その間の状況は、大津市が企画し、総合社が製作した映画『保育元年』『続保育元年』『続々保育元年』で、部分的に知ることができる。

翌七四年四月、新しく設置された大津市立朝日が丘保育園にも、一人の障害を持つ幼児が五月一日から入園してきた。

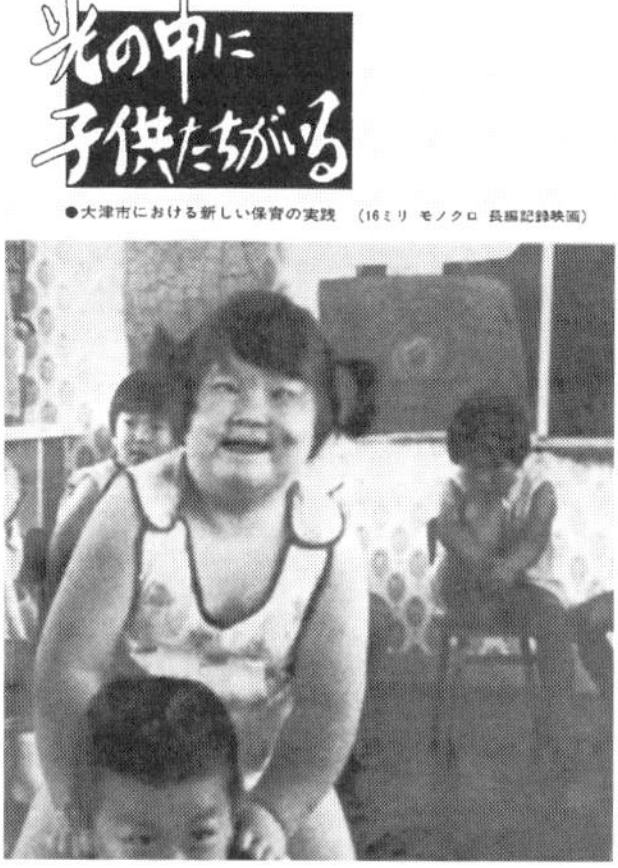

『光の中に子供たちがいる』パンフレット

大野松雄総合社社長らは、大津市企画の映画とは別に、視点を変えてその幼児を三年間にわたって追い続け、保育園という集団の中で、どのように発達し、またそれを囲む幼児集団もどのように変わっていくのかを記録し続けた。この作品が、三部作『光の中に子供たちがいる』である。

第一部は「大津市に於ける新しい保育の実践」（一九七四年四月〜七五年三月）、第二部は「カズエちゃんの二年目」（七五年四月〜七六年三月）、第三部は「『わかれ』は『かどで』」（七六年四月〜七七年七月）、それぞれ約一時間四〇分前後に、ありのままを淡々とまとめた作品である。

大津市の障害児の早期発見、早期療育

この大津に障害児保育が成立した背景には、過去の長い実践の中から生み出された、出生から就学前までの子どもの発達保障のシステムである、乳幼児健診「一九七四・大津方式」がある。大津市では、「検診もれゼロ」「発見もれゼロ」「対応もれゼロ」を合言葉に、「障害児の早期発見、早期療育」の実現が専門家集団を中心に積極的に取り組まれてきた。

たとえば、乳児健診は、一九六三（昭和三八）年から七三年まで、医師、保健師、発達相談員らによって生後三か月・六か月児を対象に行われてきたが、一九七四年度からは、四か月、一〇か月健診に変更された。

三か月健診の段階では、頸《くび》がしっかりすわっていない場合は個人差もあり、すわりが悪くても障害による遅れとはいえない。また九か月は、はいはい、つかまり立ち、喃語《なんご》の始まりの時期であるがこれも個人差があり、障害による遅れとはいえない。そのため、これらの「ふし」を越えた時期である四か月、一〇か月に変更したのである。そうすることにより障害を早期に

発見することができる。

健診で障害を発見された子どもたちは、医療の必要な場合、訓練が必要な場合などさまざまであるが、障害を持った母親に療育方法などの指導を、月一回から二回実施する「母親教室」が実施され、一九七五（昭和五〇）年には「親子教室」、さらに一九七七年からは、大津市心身障害児通園事業「やまびこ教室」が保育園入園の前段階として実施されている。今日では、週一〜二回の通園となっている。

保護者会　発達記録つくりに協力

カズエちゃんは、入園当初、三歳一一か月、この時点では障害のもとになっている症状名はまだわかっていなかった。前の年まで歩けず、言葉はまだない。体重は同年齢児の約一・五倍の二九・五キログラム。一年間母親教室で療育を受け、小さな集団生活も経験してきた。

新設ながら朝日が丘保育園の園児数は、五歳の年長児を含め六〇人。近接の三歳未満児を対象とした逢坂《おうさか》保育園の卒園児などが、新しい環境の下で元気に生活している。

新しく結成された保護者会にも、障害児が入園することが、また、その障害児を中心に発達記録として映画撮影が実施される予定であることが園から知らされた。前年の『保育元年』での障害児保育を経験し、障害のあるなしにかかわらず、確かな子どもたちの成長を見てきていた保護者会は、積極的に協力することを決定する。

新しい保育の実践

『光の中に子供たちがいる―大津市における新しい保育の実践―』(モノクロ)は、次の場面から始まる。

五月一日、歩行が十分にできないカズエちゃんは、途中何度も休憩しながらおぼつかない足運びで入園してくる。友達との初めての出会い、先生との初めての出会い、しかし、皆のリズムには入っていけない。

六月中旬、大分しっかり歩けるようになる。遊戯も友達や保育士の真似をしながら、ついていこうと努力している。だが、ブランコ、滑り台はまだできない。

7月、滑り台に上がれるようになったカズエちゃん

七月下旬、とうとう滑り台に上れるようになる。夏は水の季節、カズエちゃんも友達とプールに入ったり、琵琶湖で泳いだり……そして、夏の終わり、いろいろしゃべれるようになる。でも意味不明。

秋はたくさん行事のある季節、遠足、運動会、芋ほり……そんな中でカズエちゃんは発達を続ける。ブランコもひとこぎできるようになり、遊戯の中で他の子の行動を予知する。いたずらが過ぎて友達にひっぱたかれるまでになる。

冬、もちつきやクリスマスの中で子ども同士のつきあいから、大人へのアプローチが、かいま見られる。そうして、とうとうブランコも自力でこげるようになる。

この間、小児科医、臨床心理士、ケースワーカら専門家グループが、保育園へ保育所巡回相談に来園しては、発達診断と親との話し合い、総合的協議が行われた。

再び春がやってくる。カズエちゃんに言葉が出た。かわいい声で「ドッコイショ！」

一週間の検査入院、プラダ・ヴィリィ症候群ほか二つの症状が重なり、そこから派生する障害と診断される。

そして、三月末、仲良くしてもらったケンちゃん、シノブちゃんが卒園する。

保育所と保護者会の連係

障害児が集団保育の中で、着実に発達することが確認される中で、保育園と保護者会役員との話し合いの結果、第一びわこ学園の要請を受け入れることとなり、一九七五（昭和五〇）年二月から、かろうじて立ち上がれるミノル君、一人では立ち上がることのできないサユリちゃんの二人の重症心身障害児も、毎週土曜日一時間、保育士同伴で集団保育に参加する。

保護者会は、障害児保育を通して子どもたちの育ちあいを目の当たりにする中で、保育士の資質の向上を図るため、市立保育園で取り組まれていた毎月第三土曜日午後の研修会にすべて

みんなとおゆうぎもできる

後輩の世話を焼くカズエちゃん

の保育士が参加できるよう、保護者が協力し合って、午後一時までに迎えに行くこととし、大津市保育園保護者会連絡協議会へも、第三土曜日の保育所職員の研修保障を呼びかける。

また、二年目に入ると障害児が新たに入園してくるものの、保育士の人数は変わらず、産休に入る保育士が出るなど、保育現場は厳しい環境が続いた。保護者会は、親同士が協力し合って「せめて、お盆の間は先生にもゆっくりしてもらおう」と、三日間の休園の申し入れをするなど、園と保護者が協力して子育てをする。

カズエちゃんの二年目

第二部「カズエちゃんの二年目」（モノクロ）は、カズエちゃんが、カズミちゃん、ミユキちゃんという後輩を迎え、名前を呼ばれると「アー」と答えられるところから始まる。少しずつ言葉の芽生えが見られる。

六月には、初めてデングリ返しができたり、「イヤ」という言葉を連発したり、自我の芽生えが見られる。また、ミノル君や新入りの後輩の世話を焼いたりする。

秋、遠足で初めての川渡りに成功。ひと月前まではできなかった階段下りも手をそえてもらえればできるようになる。

運動会の障害物競走に出場したミノル君は、障害物のところは援助を受けながらも、皆とは遅れたものの一人で完走をし、大きな拍手を受ける。

冬、「ハーイ」と返事ができるようになり、〈さかさま〉の意味もわかるようになる。先生や友達の行動を見て真似をする。

秋までに吸収したエネルギーを春に向かって吐き出すように言葉が飛び出す。「オーコワ」「ミエタヨ」「ゼッタイ、イヤ」「ヨイショ」など。

再び卒園式、巣立っていく友達をみんな拍手で見送る。カズエちゃんも力強く手をたたく。

別れは門出

第三部「〝わかれ〟は〝かどで〟」(カラー)は、保育園、子どもたち、カズエちゃんにとって三年目の四月が始まる。保育園から一キロメートルほどの湖岸にある県立琵琶湖文化館へ園外保育。地階の水族館を見学の後、五階の展望台へ。難関の階段のぼり、最後になるカズエちゃんを先生は励ましながら一人で上らせようとしている。友達が手を貸そうとしても先生はそれを静止。途中、上を見上げ確認するとゆっくりであるが展望台に到着。下りも言葉を出させようとしながら、また励まし、時間がかかっても一人で下りることができる。

五月の雨の日、保育室で紙飛行機を折り、狙いを定めて「エイッ」と飛ばす。言葉と行動が一致してくる。

晴れた日、ジャングルジムでは、一番上まで一人で上がることができるまでに、手、腕、足などに力がついてくる。下りる時、友達が足の運びを教えたり、励ましている。

六月、誕生日のケーキの六本のろうそくの火を吹いて消すことができる（前年のクリスマスには吹くことはできなかった）。

水遊びでぬれたパンツを、手でゴシゴシ洗い、きちんと絞ることができる。

秋、園庭でラジオ体操。音楽に合わせ反動をつけてすることができる。乾布摩擦《かんぷまさつ》は、バランスを考え足の位置を定めてしっかりとできる。

運動会の徒競走のスタート、やる気満々でフライング。玉入れも目標に向かって投げることができる。

自分のほしい物は「チョーダイ」と言うことができる。以前は「オー、コワ」しか言えなかったのに対し、「ア、コワイヨー」「コワイ」「コワイ、コワイ」「コワ」とたくさんの表現ができるようになる。

五月には四一キログラムであった体重が、一二月には四七・五キログラムと同年齢の子どもの二倍以上となる。心配した両親は、食餌《しょくじ》指導の必要を考え、一九七七（昭和五二）年四月から滋賀県立近江学園に入所させることを決意する。

一月末、近江学園に体験入所。お昼の準備、寝るときの布団敷き、初めてのところにもかかわらず、自主的に自分からする。

二月の土曜日、園庭マラソンでは、先生よろしくミノル君の手をとって一緒に走る。保育室の雑巾《ぞうきん》がけは、先頭に立ってする。ミノル君、サユリちゃんも一生懸命。二年前と比べると二人の表情も非常に豊かになる。

ひな祭りで主役を務め、三月二六日いよいよ卒園式。

三番目に卒園証書を誇らしげに受け取るカズエちゃん。カズミちゃん、ミユキちゃんも二三人の一人として卒園。顔中口のように思いっきり卒園の歌を歌うカズエちゃん。

七月、撮影関係者は、久しぶりに保育園を訪問。六一人（障害児五人）、保育士は二人増え七人、元気な子どもたちがいる。

すべての子どもたちが光り輝くことを

この映画を観た岡崎英彦びわこ学園長は、「この映画は一人の障害児の、保育所での活動を通じて、人間が成長し発達する具体的な様相をまざまざと画き出してくれたものと思える。そういう意味で、決して一人の障害児のケース記録というだけでなく、すべての子どもの発達にとって、共通の、最も本質的なかかわりを示したものとして大きな意味を持つものであろうと思う」と映画パンフレットで述べている。

全国で初めての「障害児保育」の取り組みは、市行政、保育関係職員、保護者をはじめ、福祉保健医療関係者に大きな反響をもたらし、それぞれの自治体においても取り組みの動きが出たが、地道な取り組み経験のない自治体は、指をくわえて見ていざるを得なかった。

この映画に見られるように、障害児を取り巻く集団として、まず家族があり、保育士をはじめとする保育所、取り巻く子どもたち、子どもたちの親ら、ボランティア、専門的に支える医師、発達相談員、保健師、ソーシャルワーカーら、それに乳幼児健診、親子教室などの仕組み、それを施策として幹で支える行政がある。この映画は数多くの個人、団体、機関が相互に協力しながらかかわることで、一人ひとりに光をあて、一人ひとりが光り輝くことができることを証明している。

参考・引用した文献
稲沢潤子『涙より美しいもの―大津方式にみる障害児の発達―』(大月書店、一九八〇)
「光の中に子供たちがいる」上映をすすめる会編『光の中に子供たちがいる―大津市における新しい保育の実践―』(一九七六)
「光の中に子供たちがいる」上映をすすめる会編『光の中に子供たちがいる2―カズエちゃんの2年目―』(一九七七)
「光の中に子供たちがいる」上映をすすめる会編『光の中に子供たちがいる3―〝わかれ〟は〝かどで〟―』(一九七八)

滋賀県の福祉関連年表

凡例

一、本年表は「滋賀の社会福祉の動向」と「日本の社会福祉の動向」で構成し、「滋賀の社会福祉の動向」では、滋賀県における社会福祉に関連する制度・団体・施設の創設や構想・計画の策定、さらには代表的な人物の動向などを掲げた。また「日本の社会福祉の動向」では、日本の社会福祉史に関連する主要事項と内外の主な出来事を掲げた。

二、各事項の記載は年（西・和暦）月を表示し、同じ月の場合には早い日の順に掲げた。月が不明なものについては「―」として記載した。

三、今日では使用が不適当な用語・名称でも、法律名・団体名・施設種別などは当時の表記のままで記載している。

四、本年表の作成には、参考文献として以下のものを使用した。

①滋賀県史編纂室編『滋賀県百年年表』（滋賀県、一九七一年）
②滋賀県私立保育連盟編『滋賀の保育園史』（滋賀県私立保育連盟、一九八二年）
③中西治男編『滋賀県民生委員制度七十年史』（滋賀県民生委員児童委員協議会連合会、一九八八年）
④滋賀県社会福祉協議会編『滋賀県社会福祉協議会四十年史』（滋賀県社会福祉協議会、一九九二年）
⑤十年小史編纂委員会編『滋賀県民生委員児童委員活動十年小史』（滋賀県民生委員児童委員協議会連合会、一九九八年）
⑥滋賀県社会福祉協議会編『滋賀県社会福祉協議会十年小史』（滋賀県社会福祉協議会、二〇〇二年）

⑦滋賀県社会福祉協議会編『みんなちがってみな同じ―社会福祉の礎を築いた人たち―』（サンライズ出版、二〇〇四年）
⑧滋賀県社会福祉学会編『第二五回滋賀県社会福祉学会記念資料集』（滋賀県社会福祉協議会、二〇〇七年）
⑨「滋賀の福祉を考える」編集委員会編『滋賀の福祉を考える―歴史と実践のなかから―』（サンライズ出版、二〇〇七年）
⑩糸賀一雄著作集刊行会編『糸賀一雄著作集Ⅰ・Ⅱ・Ⅲ』（日本放送出版協会、一九八二～八三年）
⑪岡崎英彦著作集刊行会編『岡崎英彦著作集』（医療図書出版、一九九〇年）
⑫野上芳彦『糸賀一雄』（大空社、一九九八年）
⑬野上芳彦『田村一二』（大空社、一九九八年）
⑭京極高宣『この子らを世の光に―糸賀一雄の思想と生涯』（日本放送出版協会、二〇〇一年）
⑮高谷　清『異質の光―糸賀一雄の魂と思想』（大月書店、二〇〇五年）
⑮池田敬正・土井洋一編『日本社会福祉綜合年表』（法律文化社、二〇〇〇年）
⑯菊池正治他編『日本社会福祉の歴史　付・史料』（ミネルヴァ書房、二〇〇三年）

五、年表作成者について

文　：龍谷大学社会学部臨床福祉学科　教授　清水　教恵
協力：龍谷大学大学院社会学研究科　三宅　隼
同　門　道子

年号	滋賀の社会福祉の動向	日本の社会福祉の動向
一八六八（明治元）年		三月　五榜《ごぼう》の掲示
一八六九（明治二）年	六月　大津市船頭町本福寺に窮民授産のため、茶撰所設置 八月　県は不作・物価騰貴のため困窮者救助を通達	
一八七〇（明治三）年	一〇月　県の勧奨で大津・八幡に救貧事業の報恩社設立	
一八七三（明治六）年	七月　県令が旧彦根藩窮難民の生活救済方を通達	七月　地租改正条例布告 一一月　内務省設置
一八七四（明治七）年		一二月　恤救規則《じゅっきゅうきそく》布達
一八七五（明治八）年		七月　窮民一時救助規則制定
一八七七（明治一〇）年	四月　備荒概則を定め、減租の半額を貯蓄さす	五月　博愛社（後の日本赤十字社）設立
一八八〇（明治一三）年	一月　凶荒予備米の備蓄を勧める。各郷蔵の調査	六月　備荒儲蓄法《びこうちょちくほう》制定
一八八一（明治一四）年	二月　伊香西浅井相救社（窮民救助）設立認可	
一八八七（明治二〇）年	一月　瘋癲人《ふうてんにん》取締規則を定める 一一月　大津婦人慈善会設立	

一八八八(明治二一)年	二月　大津婦人慈善会を近江婦人慈善会と改称し、各郡に支部を置く	
一八八九(明治二二)年	一〇月　日本赤十字社滋賀県委員部設立	
一八九〇(明治二三)年		一一月　第一回帝国議会開会
一八九一(明治二四)年		一〇月　濃尾大震災
一八九四(明治二七)年		八月　日清戦争勃発
一八九六(明治二九)年	一〇月　災民救助規則を定める	六月　三陸大津波
一八九七(明治三〇)年	一一月　膳所村中ノ庄に滋賀県出獄人保護収容場設置	
一八九九(明治三二)年	二月　前年に下賜された恩賜金を基金として、慈恵救済資金（特別会計）を創設	
一九〇〇(明治三三)年	六月　罹災救助取扱規程を定める	三月　感化法公布
一九〇一(明治三四)年		六月　大阪で慈善団体懇話会結成
一九〇三(明治三六)年		五月　大阪で第一回全国慈善大会開催
一九〇四(明治三七)年	三月　大津市三井寺山内に孤貧棄児らの救済のため滋賀県育児院（のちの湘南学園）開設	二月　日露戦争勃発
一九〇五(明治三八)年	七月　県出獄人保護院・保護収容場を開設	

一九〇八（明治四一）年	一一月　池田太郎、福岡県に生まれる	九月　内務省、第一回感化救済事業講習会（東京）開催 一〇月　中央慈善協会設立 一〇月　戊《ぼ》申《しん》詔《しょう》書《しょ》発布
一九〇九（明治四二）年	九月　田村一二、京都府に生まれる	七月　第一回地方改良事業講習会（東京）開催
一九一〇（明治四三）年	一月　滋賀郡下坂本村に県立淡海学園（感化院）開設	
一九一一（明治四四）年		二月　施薬救療の勅語発布 三月　工場法公布 五月　恩《おん》賜《し》財《ざい》団《だん》済生会設立
一九一二（大正　元）年	八月　恩賜財団済生会、貧困者の病気に対し無料診療券を発行	
一九一四（大正　三）年	三月　糸賀一雄、鳥取県に生まれる	七月　第一次世界大戦勃発
一九一五（大正　四）年	九月　近江婦人慈善会、御大典記念として大津市布施屋町（寺町とする記載もある）に幼児保育所開設	
一九一七（大正　六）年		五月　岡山県済《さい》世《せい》顧《こ》問《もん》制《せい》度《ど》創設 七月　軍事救護法公布 八月　内務省地方局に救護課設置

一九一八（大正　七）年		六月　内務省に救済事業調査会設置 七月　米騒動勃発 一〇月　大阪府方面委員制度創設
一九二〇（大正　九）年		八月　内務省、社会局設置
一九二一（大正一〇）年		一月　内務省、社会事業調査会設置 三月　中央慈善協会を中央社会事業協会と改称
一九二二（大正一一）年	二月　岡崎英彦、岡山県に生まれる	四月　少年法公布
一九二三（大正一二）年		九月　関東大震災
一九二六（大正一五）年		七月　内務大臣、社会事業調査会に「社会事業体系ニ関スル件」諮問
一九二七（昭和　二）年		三月　金融恐慌始まる 六月　社会事業調査会、「一般救護ニ関スル体系」などを決議
一九二八（昭和　三）年	四月　県立聾話学校（草津町）、県立盲学校（彦根町）を開校 六月　仏教連合会彦根分会、彦根養老院開設	
一九二九（昭和　四）年	四月　淡海学園、県立となる 一二月　大津市神出町に滋賀保護院（養	四月　救護法公布 一〇月　世界恐慌始まる

	老施設）開設	
一九三一（昭和　六）年		九月　満州事変勃発
一九三二（昭和　七）年		一月　救護法施行
一九三三（昭和　八）年		三月　三陸地震・津波 四月　児童虐待防止法公布 五月　少年教護法公布
一九三六（昭和一一）年		一一月　方面委員令公布
一九三七（昭和一二）年	五月　ヘレン・ケラー来県。大津教育会館・彦根盲学校・彦根高商で講演	三月　母子保護法公布 三月　軍事救護法を軍事扶助法と改称 七月　日中戦争勃発
一九三八（昭和一三）年		一月　厚生省設置 四月　国家総動員法公布 四月　社会事業法公布
一九四〇（昭和一五）年	一月　糸賀、滋賀県社会教育主事補に就任	
一九四一（昭和一六）年		一二月　太平洋戦争勃発
一九四三（昭和一八）年	四月　池田、三津浜学園（病弱・虚弱児施設）に勤務	
一九四四（昭和一九）年	四月　田村、石山学園（精神薄弱児施設）に勤務	

一九四五（昭和二〇）年		八月　終戦 一〇月　厚生省に社会局復活 一二月　「生活困窮者緊急生活援護要綱」を閣議決定
一九四六（昭和二一）年	七月　三津浜学園、石山学園閉鎖 一一月　糸賀・池田・田村、大津市南郷町に近江学園（戦災孤児、生活困窮児および精神薄弱児のための施設）を開設	二月　GHQ覚書「社会救済」指令 九月　（旧）生活保護法公布 一一月　日本国憲法公布
一九四七（昭和二二）年	四月　近江学園が生活保護法の保護施設として、認可される 七月　近江学園の後援会「椎《しい》の木《き》会」結成	一一月　第一回共同募金開始 一二月　児童福祉法公布
一九四八（昭和二三）年	四月　大津児童相談所開設 四月　児童福祉法施行により、近江学園が養護施設兼精神薄弱児施設に認可（県立となる） 四月　岡崎、近江学園園医就任	四月　児童相談所開設 七月　少年法・民生委員法公布 一二月　社会保障制度審議会設立
一九四九（昭和二四）年	四月　県立安土保護院（養老施設）開設	一二月　身体障害者福祉法公布（身体障害者手帳制度の導入）

一九五〇（昭和二五）年	四月　大津市神出町に大津市立乳児院開設 五月　「椎の木会」が、大津市石山南郷町に重度の精神薄弱児施設落穂寮を開設 一二月　県、身体障害者更生相談所開設	五月　（新）生活保護法公布 六月　朝鮮戦争勃発 一〇月　社会保障制度審議会、「社会保障制度に関する勧告」提出
一九五一（昭和二六）年	三月　滋賀県社会福祉協議会設立 六月　県立米原児童相談所開設 九月　滋賀県身体障害者連合会発足	一月　中央社会福祉協議会設立 三月　社会福祉事業法公布 五月　児童憲章制定 九月　サンフランシスコ講和会議。日米安全保障条約調印 一〇月　福祉事務所発足
一九五二（昭和二七）年	四月　滋賀県立信楽寮（年長男子の中・軽度精神薄弱児更生施設）開設 七月　滋賀県精神薄弱児育成会（手をつなぐ親の会）結成	五月　中央社会福祉協議会を全国社会福祉協議会連合会と改称 一二月　母子福祉資金の貸付等に関する法律公布
一九五三（昭和二八）年	五月　大津市南町に、市立幼児院開設 六月　大津市松本本宮町に、私立滋賀保護院（生活保護施設）開設 七月　あざみ寮（年長女子の精神薄弱	

	児職業指導施設）開設 七月　日向弘済学園（年長男子の知的障害児の職業指導施設）開設	
一九五四（昭和二九）年	一二月　滋賀県保育所連盟設立	五月　日本社会福祉学会設立
一九五五（昭和三〇）年	九月　信楽青年寮（児童福祉法の対象年齢をこえた精神薄弱児、身体障害者支援施設）開設 一二月　全国初の知的障害者の作品展「全国忘れられた子らの作品展」の開催	四月　全国社会福祉協議会連合会を全国社会福祉協議会と改称
一九五六（昭和三一）年	二月　財団法人大木会設立 七月　滋賀県立点字図書館開設	五月　売春防止法公布
一九五七（昭和三二）年	四月　婦人児童課内に県立婦人相談所を開設 四月　滋賀県私立保育連盟設立 八月　東浅井郡浅井町に県立滋賀整肢園開設 一二月　大津市打出浜に母子福祉センターのぞみ荘開設	八月　朝日訴訟（朝日茂、生活保護の実態が憲法二五条に違反しているとして、厚生大臣を東京地裁に提訴）
一九五八（昭和三三）年	二月　大津市に県立志賀婦人寮開設	一二月　国民健康保険法公布

	―大津市、精神発達上の相談・指導機能を取り入れた乳児健診を開始	
一九五九(昭和三四)年	一〇月　養護施設守山学園開設	四月　国民年金法公布 九月　伊勢湾台風 一一月　国連、「児童権利宣言」採択
一九六〇(昭和三五)年	四月　信楽寮を信楽学園と改称	三月　精神薄弱者福祉法公布 七月　身体障害者雇用促進法公布
一九六一(昭和三六)年	一月　大木会、大津市南郷町に一麦寮（年長男子の精神薄弱児施設）開設	六月　三歳児健診制度化 一一月　児童扶養手当法公布
一九六二(昭和三七)年	四月　滋賀県保育協議会設立 七月　甲賀町ひまわり会甲賀学園（養護施設）開設 一二月　彦根市高宮町青い鳥会、彦根学園（盲・精神薄弱児施設）開設	四月　全社協「社会福祉協議会基本要項」を策定 七月　児童扶養手当施行
一九六三(昭和三八)年	四月　大木会、大津市神出開町に西日本で最初の重症心身障害児施設びわこ学園開設 八月　彦根市鳥居本町にさざなみ学園	七月　老人福祉法公布 一一月　朝日訴訟、東京高裁適法判決

	（虚弱児施設）開設 八月　長浜市加田町に県立長浜荘（老人ホーム）開設 八月　滋賀県民生委員協議会連合会結成	
一九六四（昭和三九）年		七月　母子福祉法公布 七月　重度精神薄弱児扶養手当法公布 一〇月　東京オリンピック開催
一九六五（昭和四〇）年	一月　滋賀県精神薄弱者愛護協会設立 二月　滋賀県児童収容施設協議会設立 五月　大津市母子福祉センター開設 九月　滋賀県老人福祉施設協議会設立 —　信楽青年寮の職員、家族による奥瀬ホーム開設	八月　母子保健法公布
一九六六（昭和四一）年	二月　（社福）びわこ学園、野洲町に第二びわこ学園を開設 四月　日野町に養護老人ホームさつき荘（日野町立）開設 四月　日野町に県立しゃくなげ園（精神薄弱者福祉施設）を開設	七月　特別児童扶養手当法公布

一九六七（昭和四二）年	四月　県下初の特別養護老人ホーム淡海荘開設 四月　滋賀県社会福祉事業団設立 八月　大津市民健康相談所開設	五月　朝日訴訟、最高裁判決（本人死亡により終了） 八月　児童福祉法一部改正により重症心身障害児施設の法定化
一九六八（昭和四三）年	九月　糸賀一雄、滋賀県児童福祉施設等新任職員研修会（一七日）において講義中に倒れ、一八日に死去	
一九七〇（昭和四五）年	四月　県立日野渓園（救護施設）開設 四月　びわこ学園重症心身障害児県単独特別加算の創設	三月　大阪万博開催 五月　心身障害者対策基本法公布 一〇月　厚生省、社会福祉施設緊急整備五ヵ年計画策定
一九七一（昭和四六）年		五月　児童手当法公布
一九七二（昭和四七）年	四月　障害者施策推進協議会設置	
一九七三（昭和四八）年	一月　老人医療無料化制度（七〇歳以上）を実施 四月　大津市、障害児入所希望者の幼稚園・保育所への全入を制度化 一〇月　近江学園、大津市南郷から石部町に移転	四月　療育手帳制度の導入 一〇月　オイルショック起こる ―　政府はこの年を福祉元年とする

一九七四（昭和四九）年	一〇月 県立軽費老人ホームきぬがさ荘開設 — 乳幼児検診体制「大津方式」創設	六月 特別児童扶養手当法を特別児童扶養手当等の支給に関する法律と改称
一九七五（昭和五〇）年	四月 県立福良荘（特別養護老人ホーム）開設	
一九七六（昭和五一）年	— 滋賀県保健医療計画策定・保健医療圏設定	
一九七七（昭和五二）年	四月 大津市で心身障害児通園事業「やまびこ教室」開設	六月 一歳六ヵ月児健診開始
一九七八（昭和五三）年	四月 マキノ町に藤美寮（精神薄弱者更生施設）開設 四月 心身障害者共同作業所への県助成制度創設	一一月 社会経済国民会議、「日本型福祉社会」を提言
一九七九（昭和五四）年		四月 養護学校教育義務制度開始 六月 国際人権規約批准
一九八〇（昭和五五）年	七月 県、ボランティアセンター設立	
一九八一（昭和五六）年	一月 滋賀県社会福祉計画策定・福祉圏構想策定 四月 障害者生活ホーム運営費県単独補助制度の創設	一月 国際障害者年 六月 母子福祉法を母子及び寡婦福祉法と改称 一一月 政府、毎年一二月九日を障害の日

	一〇月 第一七回全国身体障害者スポーツ大会びわこ大会開催	と決定
一九八二（昭和五七）年	三月 県民福祉活動推進会議開催 一〇月 「滋賀県障害者対策長期構想」策定 一一月 障害者施策推進本部設置	八月 老人保健法公布
一九八三（昭和五八）年	二月 第一回滋賀県社会福祉学会開催 四月 県、福祉圏地域療育事業創設 四月 湖北寮（精神薄弱者更生施設）開設	— 国連障害者の十年（一九八三〜九二）
一九八四（昭和五九）年	五月 県立むれやま荘（身体障害者更生施設）開設	
一九八五（昭和六〇）年		六月 雇用の分野における男女の均等な機会及び待遇の確保等に関する法律（男女雇用機会均等法）公布
一九八六（昭和六一）年	四月 県、レイカディア推進本部設置 九月 国際社会福祉会議滋賀県集会開催	
一九八七（昭和六二）年	六月 岡崎英彦死去 八月 「レイカディア一〇ヵ年プラン」策定 一一月 抱きしめてBIWAKO開催（一一	五月 社会福祉士及び介護福祉士法公布 九月 精神衛生法を精神保健法と改称

	六万人参加） 一二月 池田太郎死去	
一九八八（昭和六三）年	四月 滋賀県地域保健医療計画策定・保健医療圏設定 五月 八日市市にあかね寮（精神薄弱者更生施設）開設 九月 第一回琵琶湖長寿科学シンポジウム開催	四月 グループホーム国庫補助制度創設
一九八九（平成 元）年	三月 財団法人レイカディア振興財団発足 一一月 滋賀県新社会福祉計画策定・新福祉圏構想策定	三月 社会福祉関係三審議会合同企画分科会、「今後の社会福祉のあり方について」意見具申 一二月 厚生・大蔵・自治省「高齢者保健福祉推進十ヵ年戦略」（ゴールドプラン）策定
一九九〇（平成 二）年	八月 県、障害者福祉センター開設 九月 第三回全国健康福祉祭びわこ大会（ねんりんピック'90）開催	六月 老人福祉法等の一部を改正する法律公布（社会福祉関係八法の改正）
一九九一（平成 三）年	六月 彦根市にかいぜ寮（精神薄弱者更生施設）開設 一〇月 滋賀県福祉人材情報センター開設	五月 育児休業等に関する法律（育児休業法）公布

一九九二(平成　四)年	六月　県、精神保健総合センター開設 七月　県立びわ湖こどもの国開設	三月　全社協、「新社会福祉協議会基本要項」を策定 六月　看護婦等の人材確保の促進に関する法律（福祉人材確保法）公布
一九九三(平成　五)年	四月　県立長寿社会福祉センター（レイカディアセンター）開設	四月　保健福祉圏域の設定の法定化（改正老人福祉法・老人保健法の施行） 一二月　心身障害者対策基本法を障害者基本法と改称 ―　アジア太平洋障害者の十年（一九九三〜二〇〇二）
一九九四(平成　六)年	三月　「湖国しが新ゴールドプラン」（滋賀県高齢者保健福祉計画）策定 四月　守山市に蛍の里（精神薄弱者更生施設）開設 一〇月　「住みよい福祉のまちづくり条例」の制定	三月　子どもの権利条約批准 六月　高齢者身体障害者等が円滑に利用できる特定建築物の建築の促進に関する法律（ハートビル法）公布 一二月　文部・厚生・労働・建設の四大臣「今後の子育て支援のための施策の基本的方向について」（エンゼルプラン）を策定 一二月　厚生・大蔵・自治の三大臣「高齢者保健福祉推進一〇ヵ年戦略の見

		直しについて」（新ゴールドプラン）を策定
一九九五（平成　七）年	四月　甲賀郡心身障害児・者サービス調整会議設置 一〇月　県立聴覚障害者センター開設 一一月　田村一二死去	一月　阪神・淡路大震災 五月　精神保健法を精神保健福祉法と改称 七月　精神保健福祉手帳制度の導入 一一月　高齢社会対策基本法公布 一二月　「障害者プラン―ノーマライゼーション七ヵ年戦略」策定
一九九六（平成　八）年	四月　二四時間対応型総合在宅福祉サービス県単独事業の創設 一一月　糸賀一雄記念財団発足 一二月　レイカディア新指針の策定 一二月　サングループ事件民事訴訟	
一九九七（平成　九）年	一月　県立福祉用具センター開設 四月　大津市にステップ広場ガル（精神薄弱者更生施設）開設 六月　「淡海障害者プラン」（ノーマライゼーション六ヵ年計画）策定 一〇月　「淡海エンゼルプラン」（滋賀県	一二月　介護保険法公布 一二月　精神保健福祉士法公布

	子育て支援総合計画）策定 一一月　「糸賀一雄記念賞」創設	
一九九八（平成一〇）年	七月　淡海ひゅうまんねっと（滋賀県権利擁護センター・高齢者総合相談センター）設立 一〇月　㈳滋賀県社会就労事業振興センター設立	三月　特定非営利活動促進法（NPO法）公布 九月　精神薄弱の用語の整理のための関係法律の一部を改正する法律施行
一九九九（平成一一）年		一二月　「重点的に推進すべき少子化対策の具体的実施計画について」（新エンゼルプラン）策定 一二月　「今後五ヵ年間の高齢者保健福祉施策の方向」（ゴールドプラン21）策定 一二月　民法改正（成年後見制度の創設）
二〇〇〇（平成一二）年	二月　視覚障害者センター開設 三月　「滋賀県健康福祉総合ビジョン」策定 三月　「淡海ゴールドプラン２０００」策定 四月　機能強化型共同作業所（事業所	四月　介護保険法の施行、介護保険制度開始 五月　児童虐待の防止等に関する法律（児童虐待防止法）公布 五月　高齢者、身体障害者等の公共交通機関を利用した移動の円滑化の促

	型、創作・軽作業型）の創設	進に関する法律（交通バリアフリー法）公布 六月　社会福祉の増進のための社会福祉事業法等の一部を改正する法律（社会福祉事業法を社会福祉法と改称）公布
二〇〇一（平成一三）年	三月　「健康いきいき21―健康しが推進プラン」策定 四月　滋賀県社会福祉事業団に企画事業部を設置 五月　滋賀県少子化対策推進本部設置 七月　「滋賀県障害者施策長期構想2010」策定 一〇月　「淡海エンゼルプラン後期重点計画」策定	四月　配偶者からの暴力の防止及び被害者の保護に関する法律（DV防止法）公布
二〇〇二（平成一四）年	一〇月　「アジア太平洋障害者の十年」最終年ハイレベル政府間会合の開催 一二月　滋賀県発達障害者支援センターいぶき開設	五月　身体障害者補助犬法公布 九月　少子化対策プラスワン策定 一二月　「重点施策実施五ヵ年計画」（新障害者プラン）策定
二〇〇三（平成一五）年	三月　「淡海ゴールドプラン（2003	四月　支援費制度施行

	改訂版）」策定 四月　滋賀県社会福祉協議会とレイカディア振興財団が統合 六月　「新淡海障害者プラン」策定	七月　次世代育成支援対策推進法公布 七月　少子化社会対策基本法公布
二〇〇四（平成一六）年	六月　「ボーダレス・アートギャラリーNO―MA」の開設 八月　「滋賀県住みよい福祉のまちづくり条例」を改正、条例名を「だれもが住みたくなる福祉滋賀のまちづくり条例」に改称 九月　第一三回全国ボランティアフェスティバルびわこ開催 一〇月　「選べる福祉サービス滋賀特区」開始	一二月　「少子化社会対策大綱に基づく重点施策の具体的実施計画について」（子ども・子育て応援プラン）策定
二〇〇五（平成一七）年	二月　障害者の「働きたい」を応援する滋賀共同宣言 三月　次世代育成支援行動計画「子どもの世紀しがプラン」策定 四月　社会的事業所の創設 四月　働き暮らし応援センターの創設	四月　発達障害者支援法施行 一一月　障害者自立支援法公布

	四月　認知症専門指導師認証制度創設	四月　改正介護保険法の施行
二〇〇六（平成一八）年	三月　「滋賀県ひとり親家庭等自立促進計画」策定 三月　「レイカディア滋賀プラン」策定 四月　滋賀県子ども条例施行 九月　県障害者自立支援法の激変緩和の特別対策事業（緊急プログラム）の実施 九月　認知症相談医制度創設 一一月　近江学園創立六〇周年、糸賀一雄記念賞一〇周年記念行事の開催 一二月　滋賀県認定こども園の認定に関する条例の施行	四月　障害者自立支援法　一部施行 一〇月　障害者自立支援法　本格施行 一〇月　「就学前の子どもに関する教育、保育等の総合的な提供の推進に関する法律」（認定子ども園法）施行 一二月　国連で「障害者の権利条約」採択
二〇〇七（平成一九）年	二月　「滋賀県配偶者からの暴力の防止および被害者の保護に関する基本計画」策定 三月　「障害者福祉しがプラン」策定	

あとがき

近江学園が創設され六〇年の節目に当たる二〇〇六年九月、滋賀の福祉にかかわってきた私たち編集委員は、滋賀県からの要請で招集されました。

滋賀の福祉を語るとき、糸賀一雄らによる近江学園の創設をはじめとする、知的障害者の自立へ向けたさまざまな取り組みや、一九八一年に滋賀県が策定した「滋賀県社会福祉計画」の柱の一つである一定の人口規模を有する複数の自治体で構成する福祉圏構想に基づく施策の計画的実施など福祉分野において先駆的といえる取り組みが行われてきました。

これらの歴史的ともいえる施策等は、そのことを知る者がいる間は正しく伝えられますが、時間の経過の中で風化する宿命にもあります。

滋賀県として、これまでこれら取り組みをまとめたものがないことから、一度、過去を振返り、時代のエッセンスともいえる取り組みを後世に引き継いでいくため、障害福祉に限らず福祉全般の沿革史的な書物の編集、発行を企画され、私たちが召集されました。

また、本書は、滋賀の福祉を担う人、担おうとする人たちが過去の歴史と特性を学び、今後の滋賀の社会福祉の施策の構築や展開に生かし、もって福祉人材育成の研修教材にすることが目的とされていました。

編集委員は当初、自分たちの持つ知見を披瀝し、誰か他の人がまとめて執筆してくれるものと気楽に参加したのが正直なところでありました。

滋賀の福祉を語るとき、戦後全国に先駆けて、戦争未亡人といわれる母子家庭の福祉向上と就労の場の確保など母子家庭の生活の安定のための組織を滋賀県内で立ち上げ、母子及び寡婦福祉法の成立などに半世紀にわたり尽力した、守田厚子・元全国母子寡婦福祉団体協議会会長の事績など障害福祉分野にかかわりなく取り組まれてきているすばらしい施策や実践もあります。

しかし、これら施策もすべて網羅するとなると焦点が定まらず、なかなかまとめることが困難であることから、本稿では障害福祉とその関連分野を中心とすることにしました。

●近江学園の創設を出発点とした滋賀の福祉の沿革史的なもの

●その時々の時代を背景に先進的といわれてきた取り組みの再確認

●人々の住まう地域を基盤に、現場の実践を行政がバックアップし施策化してきた行政と現場とのコラボレーション

を基本的な視点に編集することとしたものの、特定の人に執筆をお願いすることもままならず、結果的に編集委員が責任分担をすることになりました。

本書の構成は

●これまで糸賀一雄や滋賀県とかかわりのある方々に寄稿をお願いする「巻頭の言葉」

●糸賀一雄の卓越した先見性、先駆性と志を共有する職員集団によるたゆまぬ実践の歴史、その実践をもとに引き出される成果を理論的に整理し、科学的に検証してきた近江学園の取り組み、その課題と成果を地域社会に提起して、再び社会の要請としてダイナミックに受け止めた知的障害児者への取り組み、これらが「この子らを世の光に」「発達保障」などに理論として昇華されてきた経過を、斎藤昭が分担

●滋賀の福祉は糸賀一雄らの近江学園からの取り組みが第一期とすれば、一九八一（昭和五六）年一月に策定された滋賀県社会福祉計画は、滋賀県の社会福祉の組織的展開の第二期ともいえるものであります。滋賀県として始めて数値目標などを定め地域福祉の推進指標とする行政計画、とりわけ、福祉圏構想は滋賀県下の社会福祉の平準化に大きな実績を残すことになるとともに、平成に入り老人福祉法など国の政策にも大きな影響を与えることとなった、その具体の取り組みを、当時の計画担当者でもあった川上雅司が分担

●利用者主体を組織的に保障する障害者ケアマネジメントから自立支援協議会への取り組み。これら取り組みの前さばきともいえる滋賀県の福祉圏構想とそのもとでの障害者施策の展開。昭和三〇年代から取り組まれてきた、民間下宿から生活ホーム、そしてグループホームへと全国に先駆けた取り組み。さらにボーダレスアート・ミュージアムNO―MAを始め障害者

の造形活動を支援する新たな取り組みを、北岡賢剛が分担

●さらに、これら取り組みを支えてきたさまざまな人々がいます。また施策が県民に周知されるなかで地域に密着した住民主体の取り組みも展開されてきています。今日の滋賀の福祉のバックボーンともいえる代表的なものとして、「若手厚生官僚と福祉行政」「抱きしめてＢＩＷＡＫＯ」「光の中に子供たちがいる」を、嶋川尚が分担

●本書に出てくる事業や施策、糸賀一雄や近江学園関係に関する主な出来事、福祉圏構想のもとで整備された福祉施設、その他県下で始めて開設された施設や主な県立施設、滋賀県にかかわる行政計画・特筆される事業・主な関係機関の設置、さらに国をはじめとする主な社会福祉の動向を「年譜」として、清水教恵が分担しました。

本書執筆にあたって、山崎圭氏を始め多くの方々にご協力をいただき、数多くの方々の著書等を参考にさせていただいたり文章を引用させていただきました。本書には登場いただきませんでしたが、「抱きしめてＢＩＷＡＫＯ」は滋賀県立図書館の岸本岳文館長、「光の中に子供たちがいる」は元大津市家庭相談員の沙加戸明氏から資料の協力をいただくことができました。

また、経験不足の編集委員のため「糸賀一雄著作集」など数多くの出版にかかわってこられたＮＨＫ出版の諸岡茂實氏には、編集アドバイザーとして何度も東京から足を運んでいただき、貴重なアドバイスをいただきました。

これらの方々のご協力により、なんとか脱稿にこぎつけ、編集委員としての役割を終えさせていただきますが、本書が、社会福祉に携わる人々の一助になればと願っています。

最後に、糸賀一雄の弟子ともいえる人で、医師であり、元滋賀県厚生部長であって、私たちを医療、保健、福祉の分野で指導してきていただいている鎌田昭二郎氏の言葉「継続は愛である」で結びとします。

二〇〇七年一一月

編集委員代表　嶋川　尚

滋賀の福祉を考える　―歴史と実践のなかから―

2007（平成19）年11月27日　初版1刷発行

編　集／「滋賀の福祉を考える」編集委員会

発　行／財団法人　糸賀一雄記念財団
滋賀県湖南市東寺四丁目1－1
TEL. 0748-77-0357　〒520-3111

発　売／サンライズ出版
滋賀県彦根市鳥居本町655-1
TEL. 0749-22-0627　〒522-0004

印刷・製本／P－NET信州

ISBN978-4-88325-343-2